世界银行物流绩效指数报告（2014年）

联结以竞争：全球经济中的贸易物流

［法］让－弗朗索瓦·阿维斯 （世界银行）
［阿根廷］丹尼尔·萨斯拉夫斯基（世界银行）
［芬］劳里·奥加拉 （图尔库经济学院） -著-
［美］本·谢泼德 （世界银行）
［德/美］克里斯蒂娜·布施 （世界银行）
［法］阿纳苏亚·拉杰 （世界银行）

王 波 -译-

中国财富出版社

图书在版编目（CIP）数据

世界银行物流绩效指数报告：联结以竞争：全球经济中的贸易物流．2014年／（法）阿维斯等著；王波译．—北京：中国财富出版社，2016. 1

书名原文：The Logistics Performance Index and Its Indicators 2014：Connecting to Compete：Trade Logistics in the Global Economy

ISBN 978－7－5047－5896－5

Ⅰ．①世…　Ⅱ．①阿…②王…　Ⅲ．①物流－经济绩效－指数－研究报告－世界－2014②物流－经济绩效－经济指标－研究报告－世界－2014　Ⅳ．①F259. 1

中国版本图书馆 CIP 数据核字（2015）第 288812 号

前 言

这是第四版《世界银行物流绩效指数报告——联结以竞争：全球经济中的贸易物流》。其核心为物流绩效指数（LPI），这是世界银行自2007年以来每两年提出一次的指标体系，专用于衡量陆上贸易供应链效率或物流绩效。2014年版LPI报告涵盖160个国家。

供应链是国际贸易与商务的支柱，其物流包括货物运输、仓储、边境通关、支付系统以及诸多其他功能，一般由生产者和贸易商外包给专门的服务方。目前，人们已经充分肯定了货物物流绩效对于经济增长、多元化和减少贫困的重要性。

虽然物流主要是由私人运营商提供的，但已成为国家政府以及区域性及国际性组织的公共政策问题。供应链是一系列复杂协调活动的结果，其整体绩效取决于多项政府干预措施，如基础设施、物流服务提供和跨境贸易便利性。

自第一版起，LPI报告已经表明政府合适的政策可以造就高效的供应链，另外，LPI报告还表明许多发展中国家的物流仍然非常落后。在本书前三版中提到的显著“物流鸿沟”仍然存在，这凸显了跨部门（例如，贸易、海关和运输部门）之间实行一致政策的重要性。日常工作事项和优先事项也处于不断发展变化之中。更加透明且更加一致的边境清关是促进贸易的当务之急，这一点已得到全球共识，并写入了于2013年12月在印度尼西亚巴厘岛世界贸易组织第九届部长级会议上达成的《贸易便利化协定》之中。环境可持续性、空间规划以及服务监管与组织都受到了更多的关注，而不仅仅是在发达和新兴市场国家。

LPI报告及其相关构成要素有助于国家了解自己及其贸易伙伴在大力开展各自物流中所面临的挑战。LPI报告对近年来许多国家已经开始实施的深层次国家评估进行了补充，但无法替代这些评估，这些评估中的很多都得到了世界银行的资助。我们没有对LPI评分进行过分强调，不应孤立解读一个国家的实际排名或评分，而是应看该国家是处于绩效最佳的国家中还是处于绩效最差的国家中。LPI报告可以让政府官员、企业和公众社会更好地评估良好物流所带来的竞争优势，并了解不同干预措施的相对重要性。我们希望第四版《世界银行物流绩效指数报告——联结以竞争：全球经济中的贸易物流》能够继续为政策决策者和利益相关者这一广泛群体提供支持。

杰夫瑞·D. 刘易斯
世界银行集团
经济政策、债务与贸易部总监
减轻贫困与经济管理网（PREM）

何塞·路易斯·伊里戈延
世界银行集团
交通、水利、信息与通信技术和基础设施财务部总监
可持续发展网站（SDN）

致　谢

本报告在杰夫瑞·D. 刘易斯（总监）和莫娜·哈达德（部门经理）指导下，由世界银行经济政策、债务与贸易部编撰。项目主管和主要作者为让－弗朗索瓦·阿维斯（jarvis1@ worldbank. org）和丹尼尔·萨斯拉夫斯基（dsaslavsky@ worldbank. org）。作者还包括劳里·奥加拉教授（图尔库大学图尔库经济学院，lauri. ojala@ utu. fi）、本·谢泼德（发展贸易顾问有限公司主要负责人，ben@ developing-trade. com）、克里斯蒂娜·布施（cbusch@ worldbank. org）、阿纳苏亚·拉杰（araj1@ worldbank. org）。莫妮卡·艾琳娜·安托奇（马斯特拉）在以往各个版本中均担任主要作者。杰勒德·麦克林登和茱莉亚·伯尔·奥利弗为本版提供了相关资料。

考杜拉·拉斯托奇、阿米尔·扎法尔·杜拉尼、奥利维尔·哈特曼、查尔斯·古纳卡和理查德·雷科德为联系国际货运代理协会提供了支持。叶卡捷琳娜·瓦莎玛德和塞西莉亚·布莱斯－加门迪亚是本版项目概念说明的审稿人。赛义德·埃贾兹·加尼和高拉夫·纳亚尔也负责了一部分审稿工作。阿米尔·福阿德和迈尔斯·麦克纳为宣传策略提供了有价值的信息。

笔者还感谢外部同事给国际代理协会联合会提供的支持与贡

献，他们包括露丝·帕侬荣（泰国国立政法大学）和塔皮奥·瑙拉（突尼斯非洲发展银行）。在核心团队的指导下，BlueTundra. com 网站的丹尼尔·克雷默设计、开发并维护提供 LPI 问卷调查及其结果的网站（以英语、法语、西班牙语、中文和俄罗斯语提供的基于网络的调查问卷）。世界银行信息解决方案集团的司考特·约翰逊为团队监视问卷调查收到的反馈提供了帮助。

如果没有以下协会和公司的支持和参与，LPI 调查将无法实现：国际货运代理联合会（www. fiata. com），全国货运代理协会和全球范围内众多大、中和小型物流公司。不同国家的物流智囊团也为国际货运代理联合会提供了有价值的贡献。全球快递协会还通过其成员提供了宣传支持。调查问卷由芬兰图尔库大学图尔库经济学院（www. tse. fi/en）与世界银行设计和执行。图尔库大学图尔库经济学院从 2000 年以来一直和世界银行共同致力于概念研究。

作者们在此感谢全世界数百名参与问卷调查的国际货运代理及快递公司工作人员，他们的参与对于报告的质量和项目的可信度有着极其重要的作用。他们的持续回馈对于我们将来进一步研究和改进问卷调查及 LPI 报告有着至关重要的作用。

目录

Contents

表框

图

表

总 览

2014 年 LPI 排名与得分

2014 年 LPI				2014 年 LPI				2014 年 LPI			
经济体	排名	得分	最佳绩效国家（地区）的百分比（%）	经济体	排名	得分	最佳绩效国家（地区）的百分比（%）	经济体	排名	得分	最佳绩效国家（地区）的百分比（%）
德国	1	4.12	100.0	法国	13	3.85	91.2	马来西亚	25	3.59	83.0
荷兰	2	4.05	97.6	瑞士	14	3.84	91.1	葡萄牙	26	3.56	82.0
比利时	3	4.04	97.5	中国香港	15	3.83	90.5	阿拉伯联合酋长国	27	3.54	81.3
英国	4	4.01	96.6	澳大利亚	16	3.81	90.0	中国	28	3.53	81.1
新加坡	5	4.00	96.2	丹麦	17	3.78	89.1	卡塔尔	29	3.52	80.6
瑞典	6	3.96	94.9	西班牙	18	3.72	87.1	土耳其	30	3.50	80.1
挪威	7	3.96	94.8	中国台湾	19	3.72	87.0	波兰	31	3.49	79.9
卢森堡	8	3.95	94.4	意大利	20	3.69	86.2	捷克共和国	32	3.49	79.8
美国	9	3.92	93.5	韩国	21	3.67	85.4	匈牙利	33	3.46	78.9
日本	10	3.91	93.4	奥地利	22	3.65	84.8	南非	34	3.43	77.9
爱尔兰	11	3.87	91.9	新西兰	23	3.64	84.7	泰国	35	3.43	77.8
加拿大	12	3.86	91.5	芬兰	24	3.62	84.0	拉脱维亚	36	3.40	77.0

续 表

经济体	2014年LPI 排名	2014年LPI 得分	2014年LPI 最佳绩效国家（地区）的百分比（%）	经济体	2014年LPI 排名	2014年LPI 得分	2014年LPI 最佳绩效国家（地区）的百分比（%）	经济体	2014年LPI 排名	2014年LPI 得分	2014年LPI 最佳绩效国家（地区）的百分比（%）
冰岛	37	3.39	76.6	保加利亚	47	3.16	69.1	菲律宾	57	3.00	64.2
斯洛文尼亚	38	3.38	76.3	越南	48	3.15	69.0	塞浦路斯	58	3.00	64.1
爱沙尼亚	39	3.35	75.1	沙特阿拉伯	49	3.15	68.8	阿曼	59	3.00	63.9
罗马尼亚	40	3.26	72.4	墨西哥	50	3.13	68.2	阿根廷	60	2.99	63.6
以色列	41	3.26	72.4	马耳他	51	3.11	64.5	乌克兰	61	2.98	63.3
智利	42	3.26	72.3	巴林	52	3.08	66.7	埃及	62	2.97	63.0
斯洛伐克共和国	43	3.25	72.2	印度尼西亚	53	3.08	66.7	塞尔维亚	63	2.96	62.9
希腊	44	3.20	70.5	印度	54	3.08	66.6	萨尔瓦多	64	2.96	62.8
巴拿马	45	3.19	70.3	克罗地亚	55	3.05	65.8	巴西	65	2.94	62.3
立陶宛	46	3.18	69.8	科威特	56	3.01	64.4	巴哈马群岛	66	2.91	61.2

续 表

2014 年 LPI				2014 年 LPI				2014 年 LPI			
经济体	排名	得分	最佳绩效国家（地区）的百分比（%）	经济体	排名	得分	最佳绩效国家（地区）的百分比（%）	经济体	排名	得分	最佳绩效国家（地区）的百分比（%）
黑山共和国	67	2. 88	60. 1	委内瑞拉	76	2. 81	57. 9	黎巴嫩	85	2. 73	55. 3
约旦	68	2. 87	60. 0	危地马拉	77	2. 80	57. 6	厄瓜多尔	86	2. 71	54. 8
多米尼加共和国	69	2. 86	59. 6	巴拉圭	78	2. 78	57. 0	哥斯达黎加	87	2. 70	54. 5
牙买加	70	2. 84	59. 0	科特迪瓦	79	2. 76	56. 4	哈萨克斯坦	88	2. 70	54. 4
秘鲁	71	2. 84	59. 0	卢旺达	80	2. 76	56. 3	斯里兰卡	89	2. 70	54. 3
巴基斯坦	72	2. 83	58. 5	波斯尼亚和黑塞哥维那	81	2. 75	56. 0	俄罗斯联邦	90	2. 69	54. 3
马拉维	73	2. 81	58. 1	马尔代夫	82	2. 75	56. 0	乌拉圭	91	2. 68	53. 8
肯尼亚	74	2. 81	58. 0	柬埔寨	83	2. 74	55. 8	亚美尼亚	92	2. 67	53. 6
尼日利亚	75	2. 81	57. 9	圣多美和普林西比	84	2. 73	55. 5	纳米比亚	93	2. 66	53. 1

续 表

2014年LPI				2014年LPI				2014年LPI			
经济体	排名	得分	最佳绩效国家（地区）的百分比（%）	经济体	排名	得分	最佳绩效国家（地区）的百分比（%）	经济体	排名	得分	最佳绩效国家（地区）的百分比（%）
摩尔多瓦	94	2.65	53.0	埃塞俄比亚	104	2.59	51.0	塔吉克斯坦	114	2.53	48.9
尼加拉瓜	95	2.65	53.0	尼泊尔	105	2.59	50.9	毛里求斯	115	2.51	48.5
阿尔及利亚	96	2.65	52.8	所罗门群岛	106	2.59	50.8	格鲁吉亚	116	2.51	48.3
哥伦比亚	97	2.64	52.5	布隆迪	107	2.57	50.2	马其顿	117	2.50	48.0
布基纳法索	98	2.64	52.5	孟加拉国	108	2.56	50.1	利比亚	118	2.50	47.9
白俄罗斯	99	2.64	52.5	贝宁	109	2.56	50.0	马里	119	2.50	47.9
加纳	100	2.63	52.1	突尼斯	110	2.55	49.7	博茨瓦纳	120	2.49	47.8
塞内加尔	101	2.62	52.0	斐济	111	2.55	49.5	玻利维亚	121	2.48	47.4
利比里亚	102	2.62	51.9	安哥拉	112	2.54	49.4	几内亚	122	2.46	46.9
洪都拉斯	103	2.61	51.5	乍得	113	2.53	48.0	赞比亚	123	2.46	46.9

续 表

2014年LPI				2014年LPI				2014年LPI			
经济体	排名	得分	最佳绩效国家（地区）的百分比（%）	经济体	排名	得分	最佳绩效国家（地区）的百分比（%）	经济体	排名	得分	最佳绩效国家（地区）的百分比（%）
圭亚那	124	2. 46	46. 7	莱索托	133	2. 37	44. 0	喀麦隆	142	2. 30	41. 5
阿塞拜疆	125	2. 45	46. 4	中非共和国	134	2. 36	43. 6	不丹	143	2. 29	41. 3
巴布亚新几内亚	126	2. 43	45. 8	蒙古	135	2. 36	43. 4	海地	144	2. 27	40. 7
几内亚比绍	127	2. 43	45. 7	赤道几内亚	136	2. 35	43. 4	缅甸	145	2. 25	40. 0
科摩罗	128	2. 40	44. 9	津巴布韦	137	2. 34	42. 9	冈比亚	146	2. 25	40. 0
乌兹别克斯坦	129	2. 39	44. 7	坦桑尼亚	138	2. 33	42. 6	莫桑比克	147	2. 23	39. 4
尼日尔	130	2. 39	44. 6	多哥	139	2. 32	42. 2	毛里塔尼亚	148	2. 23	39. 4
老挝	131	2. 39	44. 5	土库曼斯坦	140	2. 30	41. 8	吉尔吉斯斯坦	149	2. 21	38. 7
马达加斯加	132	2. 38	44. 3	伊拉克	141	2. 30	41. 6	加蓬	150	2. 20	38. 5

续 表

2014 年 LPI				2014 年 LPI				2014 年 LPI			
经济体	排名	得分	最佳绩效国家（地区）的百分比（%）	经济体	排名	得分	最佳绩效国家（地区）的百分比（%）	经济体	排名	得分	最佳绩效国家（地区）的百分比（%）
也门共和国	151	2.18	37.9	阿拉伯叙利亚共和国	155	2.09	34.9	刚果民主共和国	159	1.88	28.2
古巴	152	2.18	37.8	厄立特里亚	156	2.08	34.7	索马里	160	1.77	24.8
苏丹	153	2.16	37.2	刚果共和国	157	2.08	34.5				
吉布提	154	2.15	36.8	阿富汗	158	2.07	34.3				

概要与主要研究发现

物流绩效指数（LPI）是经济增长和竞争力提升的核心。各国的决策者都意识到物流对于发展的重要性。无论是经济飞速发展的欧洲国家（如荷兰①），还是发展中国家（如越南、印度尼西亚②），均将无缝物流和可持续性物流视为经济增长的引擎，并能有效融入全球价值链。

低效率的物流不仅增加了交易成本，还阻碍了全球一体化的进程。对于试图在全球竞争中占有一席之地的发展中国家来说，低效率物流将是一个沉重的负担。自 2007 年以来，物流绩效指数（LPI）便致力于研究物流对经济增长的作用以及基础设施、服务提供、跨境贸易便利化等领域的政策支持。

物流绩效继续缓慢收敛

《世界银行物流绩效指数报告——联结以竞争：全球经济中的贸易物流》（2014 年）的调查结果显示，德国得分最高，为 4. 12 分，索马里得分最低，为 1. 77 分（以五分制进行评分）。2007—2014 年，德国一直蝉联最高得分国（见表框 0. 1）。2014 年的 LPI 显示，从整体得分来看，得分较低的国家比得分较高的国家提高

---

① 物流已被选作荷兰经济发展的九个关键领域之一，见 www. hollandtrade. com。

② 印度尼西亚已经根据“全国物流体系发展蓝图”描述了其 2025 年愿景：“局部一体化，全球相联结，提高国家竞争力与社会福利”。

得更多，这趋势在2007年、2010年、2012年的LPI研究中也有所体现，如图0.1所示。

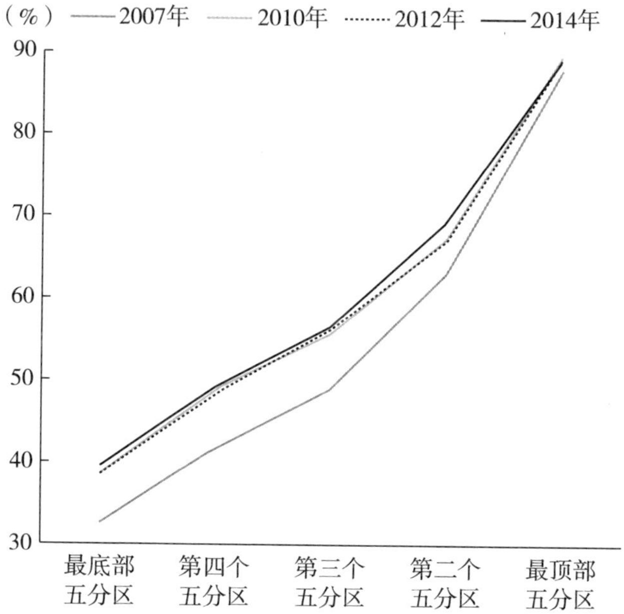

图0.1　2007年、2010年、2012年及2014年作为最高LPI分值百分比的LPI分值（根据LPI五分法）

资料来源：2007年、2010年、2012年和2014年物流绩效指数。

表框0.1　2007—2014年国际LPI汇总结果

由于2007年、2010年、2012年、2014年的LPI中六项指标分值所占的比例不同，各国LPI得分可能有非常显著的差别。例如，2014年LPI得分占比53.3%，2012年是26.7%，2010年是13.3%，2007年是6.7%。这也有利于166个国家进行比较。

在2007—2014年LPI汇总结果中，德国以4.10的得分位居第一，随后是新加坡（4.06）、荷兰（4.05）；前30名的国家中，15 个国家是欧盟（EU）成员国（共 28 个国家），23 个国家是经济合作与发展组织（OECD）的成员国（共 34 个国家），非经济合作与发展组织的经济体包括：新加坡（第 2 名）、中国香港（第 8 名）、中国台湾（第 20 名）、阿拉伯联合酋长国（第 24 名）、马来西亚（第 26 名）、南非（第 28 名）。前三名均是欧盟成员国家或经济合作与发展组织国家，索马里得分最低，为 1.61 分，是德国最高得分的 20.2%。

2007 年以来的 LPI 排名中，基础设施的作用非常突出，成为中低收入国家物流进步的主要驱动因素，并且它们的物流服务以及海关与边境管理得到了改善（见图 0.2）。这种显而易见的改观证明了在低收入国家和高收入国家之间缩小基础设施水平差距的努力是颇见成效的。

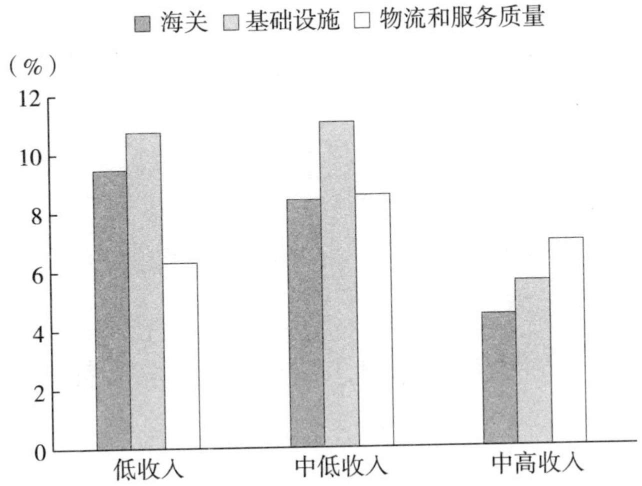

图 0.2　2007—2014 年与最佳绩效者相比较 LPI 构成要素中的百分比变化

资料来源：2007 年、2010 年、2012 年和 2014 年物流绩效指数。

如果服务较差，则物理联结再好也枉然

2007 年以来的 LPI 调查显示，对大多数发展中国家来说，基础设施建设对保持基本的联结大有裨益。但一些国家的某些类型的基础设施质量较其他类型要好很多。在所有被访者中，信息通信技术方面的基础实施被视为质量最高，且最高得分与最低得分的得分差最小，部分原因是由于边境管理的自动化。与此相反，铁路几乎在任何地方的得分都很低，大多数受访者对发展中国家的铁路服务表示不满意。其他类型的基础设施评级按地区的不同而有所差别。

全球物流供应商在各自截然不同的环境下提供基础架构服务。通常情况下，他们提供服务的质量比对应的基础设施质量好。在空运和海运方面，服务质量和基础设施质量间的“分化”更大。铁路运输仍然得分普遍最低。低收入国家在货车运输方面得分很低，尽管货车运输体系最近已经吸引了较多的政策关注。在环境条件不是特别理想的情况下，服务基础设施依然能达到可接受的水平。基础设施的质量水平相近，但其服务质量可能千差万别，因为良好的“硬件”不能取代或必然等同于卓越的运营。

贸易便利化和边境管理改革问题

供应链可靠性对于贸易商和物流供应商来说是一个至关重要的问题。在全球环境下，收货人要求明确收货的时间、方式，这也提高了对物流服务的要求，给私人代理商和政府带来了挑战：

他们不仅要解决人们的健康问题，打击犯罪活动、恐怖主义活动，还要为贸易便利化做出努力。

有效的边境管理对于消除清关过程中可避免的延误、加强可预知性有重要意义。政府控制机构间的合作在贸易便利化中扮演重要角色——他们将为非海关监管机构带来自动化和风险管理实践经验，这些机构对改革一般持保守态度。因此海关机构得分高于所有边境管理机构，尤其是卫生和植物检疫管理机关。

2013 年 12 月，世界贸易组织第九届部长级会议在巴厘岛举行，会上通过了《贸易便利化协定》，扩大贸易便利化议程的重要性日益凸显。经过十多年的谈判，巴厘岛部长级宣言重新推动贸易便利化改革，引导捐助机构支持发展中国家在贸易便利化方面做出努力。

日益复杂，不再有可轻易实现的目标

在之前版本的 LPI 报告中，我们根据他们物流环节的友好程度，将国家分为四大类。最需要国际社会及其邻国关注的国家是那些面临治理困难的国家（如政治冲突后国家）以及那些在全球市场接轨中面临经济规模或地理环境问题的国家，如内陆发展中国家和小型岛屿国家。在这些国家长期存在且尚未解决的执行问题（如区域性过境制度）对于未来发展仍非常关键，因为许多国家目前已经将基本连接基础设施落实到位。

虽然最不发达国家对改善物流也付出了诸多努力，但和大多数中等收入国家一样，复杂性较高国家对一致措施计划的需求也在日益增长。认为仍存在国家可轻易实现目标的想法是不真实的。

而且，涉及许多利益相关者的改革施行进程会比较缓慢，甚至会由于政府治理无力而发生逆转，如突尼斯。进一步说，我们需要制定政策和信息分享的准确数据。例如，贸易便利化的“贸易单一窗口”概念需要对一些政府监管机构进行调整，虽然需要一定的时间，但它可适用于最不发达国家施行，如老挝人民民主共和国。发生深远变化的国家已经将监管改革和投资规划、机构间协调和经营者激励加以结合。

LPI 报告表明新兴和发达经济体的服务质量可提高物流绩效（见图 0. 2），但物流服务的质量（如第三方物流、货车运输和货运）对于贸易效率也是至关重要的，截至目前几乎没有成功范例。在“物流友好”国家，生产商、贸易商已经将物流外包给第三方供应商，并专注于他们的核心业务，同时管理更为复杂的供应链。

在本版书中，供应链的可持续性问题更加严峻。大约 37% 的向 OECD 国家运送货物的受访者认为需要环境友好型物流解决方案，相比之下仅有 10% 的向低收入国家运送货物的受访者这样认为。政府需要制定长期政策变化，这些政策变化可改善并保持这些服务的竞争力，从而与快速变化的行业管理保持一致。因此，发展中国家不仅仅需要考虑他们物流的环境足迹（尤其是对于发达国家的贸易），而且还要重新返回到环境友好基础设施的监管和运营模式及相关运输模式，尤其是铁路，与绩效排名在前几位国家相比，铁路似乎运营得较差。

小　结

物流绩效和供应链可靠性以及生产商与出口商所能获得的服

务的可预见性之间有密切的联系。而供应链整体的可靠性受制于其最薄弱环节，并且随着供应链复杂程度越来越高，其往往会涉及许多国家并成为国家竞争力中关键的因素。

政策决策者和私人利益相关者的长期投入是非常重要的。LPI为更好地了解全球关键贸易物流壁垒提供了独特的参考。

第一部分

2014年物流绩效指数

“物流是欧洲单一市场的核心所在，对于公司的正常运营和公民的日常生活至关重要。欧洲物流政策为运输公司和运营商高效运营其业务提供有利环境，使他们能够继续增长和创新，以保持欧洲在全球的竞争力。”

——西姆·卡拉斯，欧洲委员会副主席，欧洲运输事务专员

正如卡拉斯所说的那样，高效物流的重要性已为全球的政策决策者所接受。私人运营商的贸易与商业活动正在边境内及跨边境开展。那些供应链的效率就是物流绩效指数（LPI）及其构成要素所衡量的。这一绩效在很大程度上取决于政策环境：按个别国家或区域性经济组别加以衡量，衡量方面包括：基础设施建设、服务监管与发展，或通过在边境更友好通关手续的贸易便利化给物流绩效做出巨大贡献。

与 2007 年世界银行开始对物流绩效进行监测时不同，目前所面临的问题不是公众和私营部门负责人意识差，而是政策（能够让国家与物流网络相连并在全球范围内参与竞争）的制订和施行（见表框 1.1）。世界贸易组织（WTO）于 2013 年 12 月在印度尼西亚巴厘岛订立的《贸易便利化协定》，就是对这一共识的证明，从而提供了一些关键政策的指南（见表框 1.2）。不断提高其物流绩效的国家可对更广泛的经济目标持续进行改革和投资。改善物流可增强物流密集领域（如零件生产）的竞争力，这已加入跨国价值链[1]。其他国家可能想要将物流发展成为一项将运输联结性与地理优势相结合的行业。

以希腊为例，这是一个刚刚走出痛苦危机的国家，我们可

① Saslavsky 和 Shepherd，2013。

以看到希腊的 LPI 有所提高。政府和私有部门决定对物流业进行大胆改革，以希腊作为进入欧洲东部和南部大门的有利位置：比里亚斯（雅典港口）是从亚洲通过苏伊士运河进入欧洲的第一深海港。该港口已经大修，且通过与中国远洋运输集团总公司（COSCO）的公私合作伙伴关系，吞吐量已有大幅增加，COSCO 是中国最大的一体化航运公司。政府已经采取措施来与西欧接轨服务监管，并提高连接奥地利和德国铁路贸易走廊的效率。

2014 年调查的新特点

2014 年 LPI 问卷调查与前三次问卷调查相似：一份包含两个主要部分（国际部分和国内部分）的标准调查问卷。在国际部分，受访者评估了其 8 个主要海外市场物流绩效的 6 个关键领域（见表框 1.2）。在国内部分，受访者对他们工作所在国家的物流环境提供量化和定性数据，如关于典型供应链中时间与成本的信息。调查问卷还收集了关于国内物流和进出口贸易的时间和成本负担等数据。2014 年，物流专业人士共进行了 6000 多份评估，这一数字与上一版本持平，涵盖近 120 个国家。

我们考虑了用户、政策决策者、从业人员以及物流专业人士的反馈意见，对国际部分做了细微调整，2012 年新增加关于“绿色物流”的问题在 2014 年仍然保留（见表框 3.2）①。

① 本问题的答案未用于计算 LPI，仅作为浮动问题来预测可能相关的变化趋势。

表框1.1　联结、物流网络和物流绩效

什么是联结？

自我们于2007年年底出版第一版《联结以竞争》以来，许多促进物流收益、贸易便利化和运输的一揽子政策都被贴上了“联结”的标签。例如，和中美洲与加勒比海地区的一些国家一样，亚太经合组织（The Asia - Pacific Economic Cooperation，APEC）发起了供应链联结项目，印度尼西亚制订了联结方案。然而，尽管政策存在相关性和连贯性，但联结的概念仍是靠直觉来理解，且通常定义不太明确，那样“联结”就只能成为一句口号，和“贸易便利化”与“物流”一样，过于模糊而毫无实用性。

人们已经提出了联结概念的一些说明和形式。[1] 贸易物流由物流网络中的运营公司来提供支持。国际运输、航运或空运都是在由中枢和轮辐构成的复杂物流网络结构中进行。一个国家或其一个港口或机场的联结是指该国对于这些网络的重要性程度。联结在一定程度上反映了运输与物流网络的地理状况和全球结构。因不同国家供应链效率低下导致的贸易交易成本会增加经济距离并降低联结性。因此，无论物流网络地理状况如何，提高物流绩效的政策都可提高联结性。

正如人们所期待的，LPI已与联结性指标连接在一起，如联合国贸易与发展大会的海运运输联结性指数[2]，是仅有的一些联结性指标之一。世界银行已经提出了航空联结指数[3]（Air Connectivity Index），这是即将投入使用的完整版。这些数据肯定了联结性与经济成果之间存在强相关性（如参与全球价值链），按生产要素贸易进行衡量（见下图）。

提高航空联结性可提高全球价值链参与性。

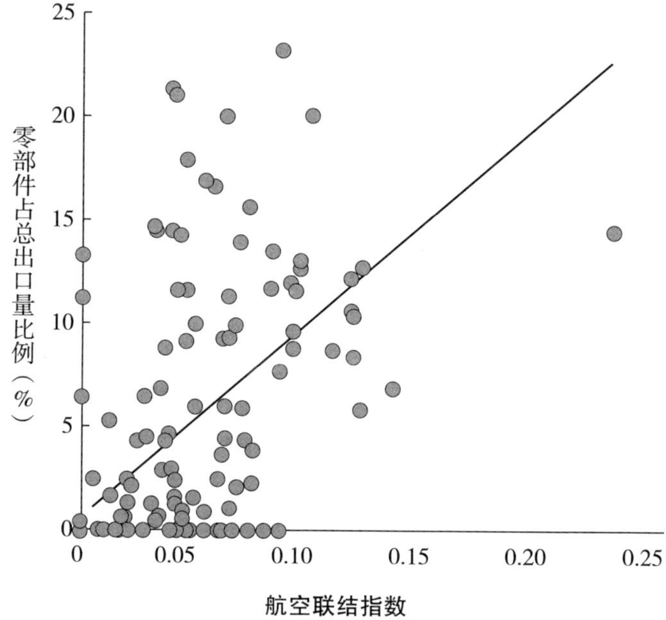

资料来源：Arvis 和 Shepherd（2013）。

注释：

1. Arvis and Shepherd，2011.
2. Hoffmann and Ojala，2010.
3. Arvis and Shepherd，2011.

2014 年国际 LPI 的主要研究发现

与之前三个版本一样，排名前 10 位的国家均为高收入国家（见表 1.1）。确实，这 10 个国家自 2010 年起基本一直未有改变。正如我们所预料的，大多数是基础良好的核心物流竞争者，在全球性或区域性供应链中具有举足轻重的作用。

表 1.1　　2014 年 LPI 排名前十的最佳绩效者

经济体	2014 年 LPI			2012 年 LPI			2010 年 LPI		
	排名	得分	最佳绩效者百分比（%）	排名	得分	最佳绩效者百分比（%）	排名	得分	最佳绩效者百分比（%）
德国	1	4.12	100.0	4	4.03	97.0	1	4.11	100.0
荷兰	2	4.05	97.6	5	4.02	96.7	4	4.07	98.5
比利时	3	4.04	97.5	7	3.98	95.3	9	3.94	94.5
英国	4	4.01	96.6	10	3.90	92.7	8	3.95	94.9
新加坡	5	4.00	96.2	1	4.13	100.0	2	4.09	99.2
瑞典	6	3.96	94.9	13	3.85	91.2	3	4.08	98.8
挪威	7	3.96	94.8	22	3.68	85.9	10	3.93	94.2
卢森堡	8	3.95	94.4	15	3.82	90.3	5	3.98	95.7
美国	9	3.92	93.5	9	3.93	93.7	15	3.86	91.7
日本	10	3.91	93.4	8	3.93	93.8	7	3.97	95.2

资料来源：2010 年、2012 年和 2014 年物流绩效指数。

与之形成对比的是，位于底部的 10 个经济体均为低收入国家，其中 6 个位于非洲（见表 1.2）。武装冲突和战乱限制了这些国家进入市场，进而限制了它们参与全球供应链的能力。

表 1.2　　2014 年 LPI 排名最靠后的十名绩效者

经济体	2014 年 LPI			2012 年 LPI			2010 年 LPI		
	排名	得分	最佳绩效者百分比（%）	排名	得分	最佳绩效者百分比（%）	排名	得分	最佳绩效者百分比（%）
也门共和国	151	2.18	37.9	63	2.89	60.3	101	2.58	50.8
古巴	152	2.18	37.8	144	2.20	38.3	150	2.07	34.3

续 表

经济体	2014 年 LPI			2012 年 LPI			2010 年 LPI		
	排名	得分	最佳绩效者百分比（%）	排名	得分	最佳绩效者百分比（%）	排名	得分	最佳绩效者百分比（%）
苏丹	153	2.16	37.2	148	2.10	35.3	146	2.21	38.7
吉布提	154	2.15	36.8	154	1.80	25.5	126	2.39	44.8
阿拉伯叙利亚共和国	155	2.09	34.9	92	2.60	51.3	80	2.74	55.9
厄立特里亚	156	2.08	34.7	147	2.11	35.5	154	1.70	22.4
刚果共和国	157	2.08	34.5	149	2.08	34.7	116	2.48	47.4
阿富汗	158	2.07	34.3	135	2.30	41.5	143	2.24	39.9
刚果民主共和国	159	1.88	28.2	143	2.21	38.6	85	2.68	53.8
索马里	160	1.77	24.8	—	—	—	155	1.34	10.9

资料来源：2010 年、2012 年和 2014 年物流绩效指数。

正如预期所料，处于中间位置的中等收入国家构成了前 20 年发展最快的经济体。而且，这些经济体中，有一些已经成为贸易强国，拥有自己的主权，拥有最高的全球供应链整合度（见表 1.3 和表 1.4）。在低收入国家中，马拉维和肯尼亚是其中绩效较高的国家（见表 1.5）。

表 1.3　　2014 年 LPI 排名前十的中低收入绩效者

经济体	2014 年 LPI			2012 年 LPI			2010 年 LPI		
	排名	得分	最佳绩效者百分比（%）	排名	得分	最佳绩效者百分比（%）	排名	得分	最佳绩效者百分比（%）
越南	48	3.15	69.0	53	3.00	64.1	53	2.96	63.1
印度尼西亚	53	3.08	66.7	59	2.94	62.2	75	2.76	56.5
印度	54	3.08	66.6	46	3.08	66.4	47	3.12	67.9

续　表

经济体	2014 年 LPI			2012 年 LPI			2010 年 LPI		
	排名	得分	最佳绩效者百分比（%）	排名	得分	最佳绩效者百分比（%）	排名	得分	最佳绩效者百分比（%）
菲律宾	57	2. 98	64. 2	52	3. 02	64. 8	44	3. 14	68. 8
乌克兰	61	3. 00	63. 3	66	2. 85	59. 3	120	2. 57	50. 6
埃及	62	2. 97	63. 0	57	2. 98	63. 3	92	2. 61	51. 8
萨尔瓦多	64	2. 96	62. 8	93	2. 60	51. 2	86	2. 67	53. 7
巴基斯坦	72	2. 83	58. 5	71	2. 83	58. 4	110	2. 53	49. 1
尼日利亚	75	2. 81	57. 9	121	2. 45	46. 3	100	2. 59	51. 0
危地马拉	77	2. 80	57. 6	74	2. 80	57. 7	90	2. 63	52. 4

资料来源：2010 年、2012 年和 2014 年物流绩效指数。

表 1. 4　　　2014 年 LPI 排名前十的中高收入绩效者

经济体	2014 年 LPI			2012 年 LPI			2010 年 LPI		
	排名	得分	最佳绩效者百分比（%）	排名	得分	最佳绩效者百分比（%）	排名	得分	最佳绩效者百分比（%）
马来西亚	25	3. 59	83. 0	29	3. 49	79. 8	29	3. 44	78 . 4
中国	28	3. 53	81. 1	26	3. 52	80. 5	27	3. 49	79. 9
土耳其	30	3. 50	80. 1	27	3. 51	80. 3	39	3. 22	71. 4
匈牙利	33	3. 46	78. 9	40	3. 17	69. 5	52	2. 99	63. 8
南非	34	3. 43	77. 9	23	3. 67	85. 5	28	3. 46	78. 9
泰国	35	3. 43	77. 8	38	3. 18	69. 6	35	3. 29	73. 6
罗马尼亚	40	3. 26	72. 4	54	3. 00	63. 8	59	2. 84	59. 1
巴拿马	45	3. 19	70. 3	61	2. 93	61. 6	51	3. 02	65. 0
保加利亚	47	3. 16	69. 1	36	3. 21	70. 7	63	2. 83	58. 8
墨西哥	50	3. 13	38. 2	47	3. 06	66. 0	50	3. 05	65 . 7

资料来源：2010 年、2012 年和 2014 年物流绩效指数。

表 1.5　　2014 年 LPI 排名前十的低收入绩效者

经济体	2014 年 LPI			2012 年 LPI			2010 年 LPI		
	排名	得分	最佳绩效者百分比（%）	排名	得分	最佳绩效者百分比（%）	排名	得分	最佳绩效者百分比（%）
马拉维	73	2.81	58.1	73	2.81	57.8	—	—	—
肯尼亚	74	2.81	58.0	122	2.43	45.9	99	2.59	51.0
卢旺达	80	2.76	56.3	139	2.27	50.5	151	2.04	33.4
柬埔寨	83	2.74	55.8	101	2.56	50.0	129	2.37	44.0
布基纳法索	98	2.64	52.5	134	2.32	42.3	145	2.23	39.4
利比里亚	102	2.62	51.9	119	2.45	46.3	127	2.38	44.4
埃塞俄比亚	104	2.59	51.0	141	2.24	39.6	123	2.41	45.4
尼泊尔	105	2.59	50.9	151	2.04	33.1	147	2.20	38.6
布隆迪	107	2.57	50.2	155	1.61	19.5	—	—	—
孟加拉国	108	2.56	50.1	—	—	—	79	2.74	56.0

资料来源：2010 年、2012 年和 2014 年物流绩效指数。

表框 1.2　使用物流绩效指数

世界银行物流绩效指数（LPI）从六个构成要素对各个国家进行分析：

1. 海关和边境管理清关的效率（海关）；

2. 贸易和运输基础设施的质量（基础设施）；

3. 安排具有竞争性价格货运的便利性（安排货运的便利性）；

4. 物流服务的（货运、代理和海关报关）竞争力和质量（物流服务质量）；

5. 追踪与追溯货物运输的能力（追踪与追溯）；

6. 货物运输在既定或预期时间内的到货率（及时性）。

这些要素是基于近期的理论和实证研究以及从事国际货运代理业务的物流专业人士的实践经验而确定的。

1993 年发展起来的早期方法使用了一种调查问卷的方式——以两点制量表和开放式问题——来衡量影响各个国家物流友好度的不同构成要素的重要性和影响力[1]。在后续研究中，只有被确认为最能体现物流绩效的那些特征包含在评估标准里。[2] 在过去十多年里，这一方法在世界银行及其他机构组织进行的贸易和运输便利化审计的问卷调查中得到进一步改进。[3]

以下图表将六个 LPI 指标纳入两大类别进行描绘：

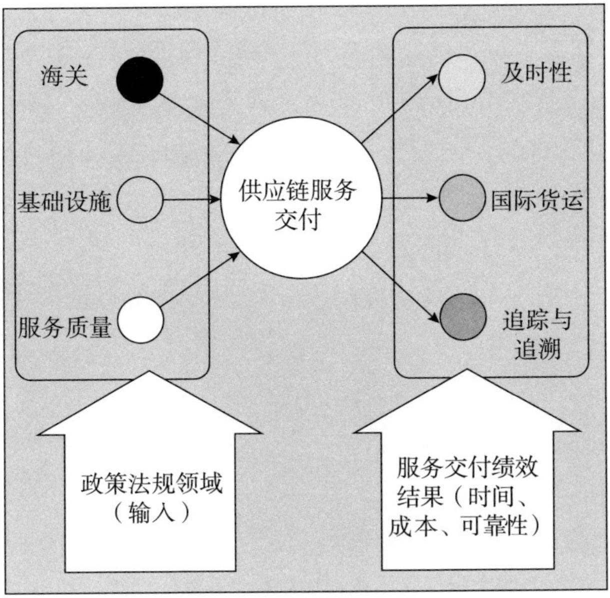

● 政策法规领域，显示了供应链的主要输入项（海关、基础设施和服务质量）。

● 服务交付绩效结果（对应 LPI 指标中的时间、成本的可靠性——及时性、国际货运以及追踪与追溯）。

LPI 运用了标准的统计技术将数据统合到单个指标里。[4]（参见附录 5，对 LPI 如何计算有详细的描述）这一单个指标可以用来比较不同的国家、地区和收入组。此外，它还可以应用在国家层面的研究中。

由于陆上运营商是评估物流这些关键方面的最佳选择，LPI 依赖于全球货运公司物流专业人士的结构化在线调查：跨国货运代理公司和主要的快运公司。货运代理公司和快运公司是最有能力评估各个国家绩效表现的公司。它们的观点非常重要，直接影响货运路线、通道的选择并对公司的生产地点、供应商选择和目标市场选择等方面的决策施加影响。它们的参与对于 LPI 报告的质量和可靠性具有极为重要的意义，而它们的参与和反馈对于改进 2012 年版（第三版）的 LPI 报告发挥了重要的作用。来自 125 个国家的将近 1000 名物流专业人士参与了 2013 年进行的问卷调查（为 2014 年的 LPI 报告收集数据），另有 5 个国家也首次加入了问卷调查。

关于 2014 年 LPI 调查问卷，详见 www. worldbank. org/lpi。

注释：

1. Murphy，Daley，and Dalenberg 1993.

2. Ojala and Queiroz 2000，2004.

3. Raven 2001.

4. 在所有三个版本的 LPI 报告中（2007 年、2010 年和 2012 年），数据统计汇总产生了一个综合指标，该指标接近各个国家六个 LPI 构成要素的简单平均值。

图 1. 1 表明了 LPI 评分的累积性分布。垂直线标示 LPI 五分区的分界线——各个分区包含同样数量的 LPI 评分国家。最

底部五分区的 LPI 评分最低，最顶部五分区的 LPI 得分最高。我们可以发现，在最底部、第二个和最顶部五分区相同数量的国家跨越范围大致相似，但在第三和第四个五分区加在一起才与其他五分区相似。换句话说，在第三个、第四个五分区国家评分非常接近。

LPI 得分分布分为四类（在所有版本的 LPI 报告中均采用这一分类法）。

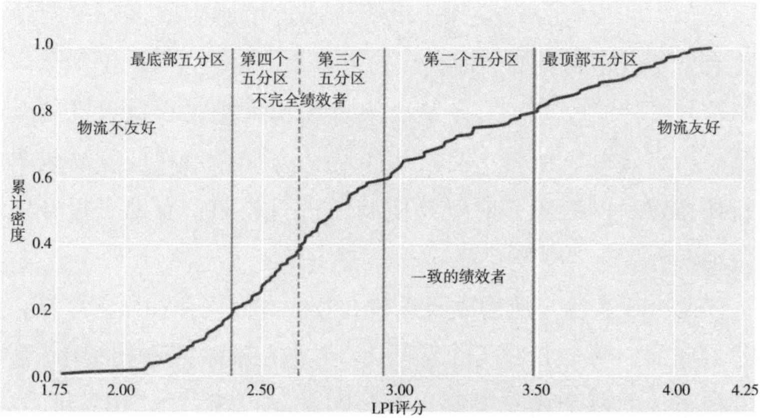

图 1.1　2014 年 LPI 分值的累计分布

资料来源：2014 年物流绩效指数。

- 物流不友好——包括存在严重物流限制的国家，如最不发达国家（LPI 最底部的五分区）；
- 不完全绩效者——包括带有一定物流限制的国家，最常见于中低收入国家（LPI 的第三个和第四个五分区）；
- 一致的绩效者——包括在其收入组中物流绩效得分较高的国家（LPI 的第二个五分区）；

• 物流友好——包括高绩效国家，大多数为高收入国家（LPI最顶部的五分区）。

物流绩效仍在继续提高

几乎没有什么措施能够像贸易便利化那样具备刺激经济发展的潜力。贸易便利化可提高物流绩效，且好的物流可刺激经济增长、竞争力和投资。海关和边境管理或过境制度改善都是贸易便利化有助于改善物流的方面。

这种可持续改进需要政策决策者和私人相关利益者进行全面改革。为高效可靠地将产品投入市场，国家必须降低贸易成本或施行扶持贸易的政策。对贸易便利化进行改革，有助于提升贸易竞争力[①]。

国际 LPI 表明，从构成要素和五分区方面均存在显著差异，尤其是最底部的两个五分区（见图 1.2）。在这两个五分区中，落后于其他指标的两个构成要素为海关和基础设施。与 2012 年不同，2014 年的物流服务质量超过基础设施质量。相反，安排货运的及时性与便利性超过两个最底部五分区中的其他要素，在追踪与追溯方面做得要比物流服务和基础设施质量好。

作为每个绩效类别相对强弱方面的基本指标，我们对国际 LPI 的六个构成要素中哪一个处于整体指标之上，以及哪一个处于整体指标之下进行了评估（见表 1.6）。正值表示构成要素评分高于某绩效类别整体国际 LPI 评分，反之则用负值表示。

---

① Reis 和 Farole，2012。

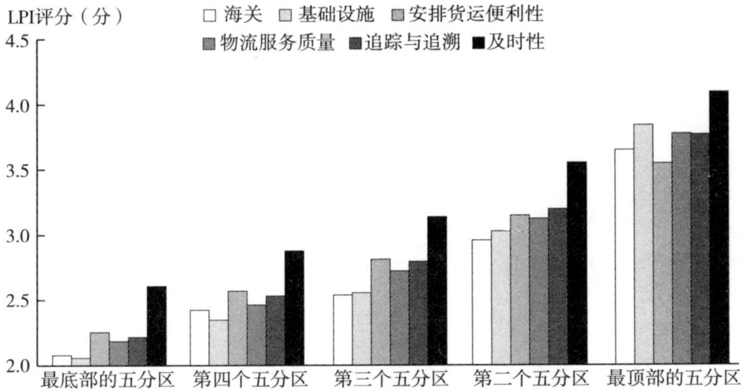

图 1.2　不同 LPI 五分区的 LPI 构成要素分值

资料来源：2014 年物流绩效指数。

表 1.6　不同 LPI 分区每项构成要素 LPI 评分与整体 LPI 评分差值

LPI 五分区	海关	基础设施	安排货运便利性	物流服务质量	追踪与追溯	及时性
最底部五分区	-0.16	-0.18	0.00	-0.06	0.00	0.40
第四个五分区	-0.17	-0.19	0.04	-0.07	-0.01	0.40
第三个五分区	-0.25	-0.20	0.05	-0.05	0.00	0.42
第二个五分区	-0.25	-0.12	-0.05	-0.07	0.05	0.43
最顶部五分区	-0.15	-0.05	-0.22	0.00	0.02	0.32

我们发现了两个问题：在所有绩效类别中，及时性方面显著强于其他方面，虽然 LPI 是根据货运代理商（而不是承运商）调查而得出的，可能稍微向正值方向倾斜；但由于及时性是所有五分区中排名最高的要素，因此这就表明物流服务存在很大的内在灵活性。

除绩效排在前几位的国家外，所有负值绩效的要点均为基础设施。对于绩效排在前几位的国家来说，安排货运的便利性会降低整体 LPI 得分，很可能是因为宏观经济因素通常会提高服务成本，这可能使得以在其他地区具有竞争力的价格安排货运变得很困难。

否则，LPI 构成要素的得分与整体得分比较接近。

随着整体物流绩效的提高，一些因素会比其他因素变化得快。低收入国家和中等偏低收入国家在海关和基础设施方面发展较快（见图 1.3）。而对于低收入经济体，精简边境清关过程和确保货物进入市场仍然非常必要。中等偏高收入国家表面上在改善物流服务质量方面发展较快。这可支持中等收入国家，以监管改革为基础，日益将工作重点朝向软基础设施改善方向努力，且对硬基础设施投资减少。

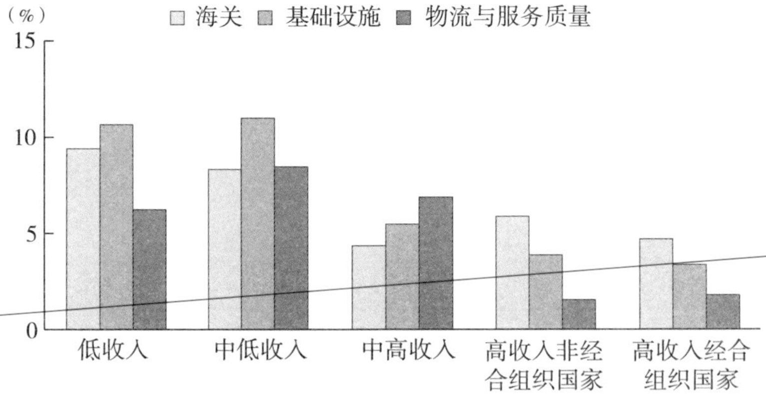

图 1.3　2007—2014 年 LPI 分值的百分比变化
（根据 LPI 构成要素和收入组）

资料来源：2007 年和 2014 年物流绩效指数。

许多方面均可衡量物流环境的变化情况，如收入群体和 LPI 五分区。LPI 调查问卷各个五分区中，认为物流环境的特定要素在 2014 年比 2012 年有所改善或大幅改善的受访者的百分比（见

表1.7）显示，在国内LPI每个构成要素中，较高LPI五分区中进展仍较高。在所有构成要素中，信息与通信技术（ICT）基础设施是在最底部五分区中仅有的发展较快的一项。即便如此，当与2010年和2012年每项国内LPI构成要素变化情况进行比较时，对于最底部五分区，变化率也在加速，而在两个最顶部五分区却在减慢。

表1.7　LPI五分区中认为2012年以来物流环境有所改善或大幅改善的受访者人数百分比

单位：%

构成要素	最底部五分区	第四个五分区	第三个五分区	第二个五分区	最顶部五分区
海关	43	49	45	51	63
其他边境手续	24	41	32	30	50
交通基础设施	44	48	37	42	53
ICT基础设施	83	61	65	63	65
私营物流服务	66	67	57	69	66
物流监管	26	35	37	24	39
腐败发生率	24	40	23	30	44

ICT：信息与通信技术。

资料来源：2014年物流绩效指数。

"物流鸿沟"继续

平均而言，高收入国家LPI评分远高于低收入国家（见图1.4），高收入国家LPI评分比低收入国家高出53%，比中等偏低收入国家高出42%，比中等偏高收入国家高出30%。在排名前30位的绩效最高国家中，几乎80%的国家为世界经合组织（OECD）成员国。

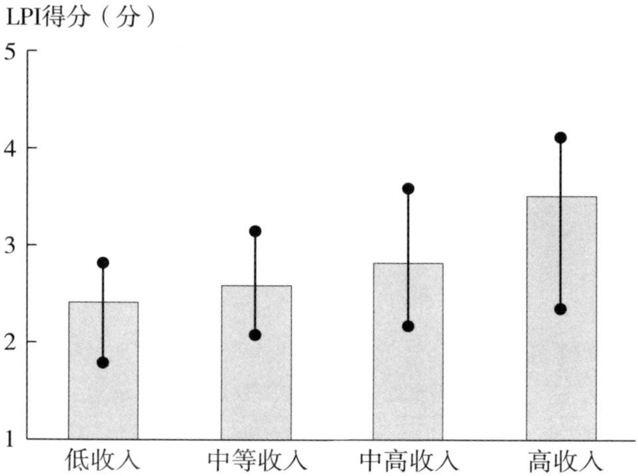

图 1.4　2014 年 LPI 报告中不同收入组别的 LPI 平均分和最低、最高分范围

注：垂直线表示最小/最大范围；

资料来源：2014 年物流绩效指数。

某些国家仍能超出他们收入组别

尽管物流差距一直存在，但仅凭收入无法解释为何某个收入组别的国家中绩效差异如此之大，尤其是在低收入和中等收入组别。正如之前版本所述，高收入国家主要集中在最顶部五分区中，但其他收入组别则较为分散。更重要的是，中等偏高收入和中等偏低收入国家遍布五个五分区，甚至低收入国家也遍布除最高五分区之外的其他四个五分区（见图 1.5）。

与同一收入组别的其他国家相比，某些非高收入经济体但物流绩效较高的国家有：马来西亚、南非、中国、泰国、越南和印度（见图 1.6）。相反，绩效最低的非高收入国家——正如预料的那样，是一些自然资源丰富的国家，包括伊拉克、土库曼斯坦、

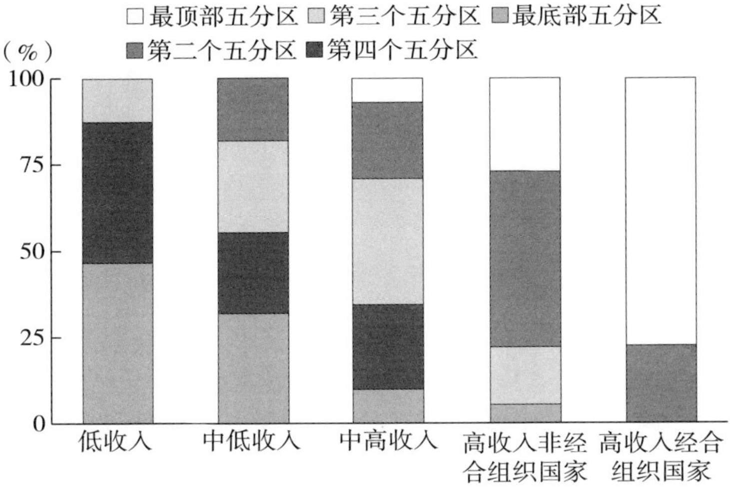

图 1.5　不同收入组别在 LPI 五分区中的分布情况

资料来源：2014 年物流绩效指数。

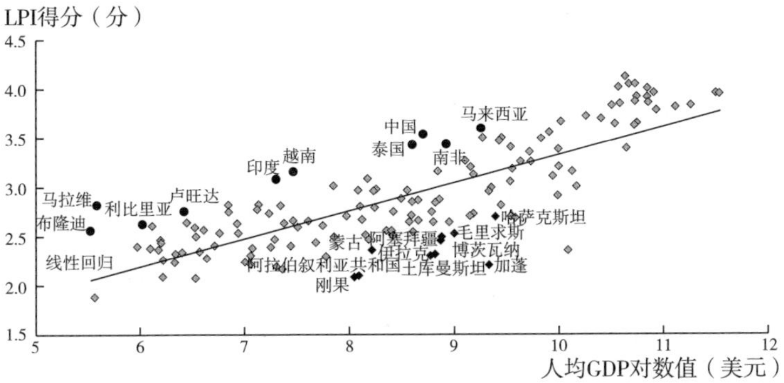

图 1.6　LPI 报告中绩效优异国家和绩效不佳国家

注：拟合值是基于最小二乘回归，采用适用所有国家的数据。绩效不佳者（黑色菱形表示）为 10 个具有最小剩余的非高收入国家。绩效优异者（黑色圆形表示）为 10 个具有最大剩余的非高收入国家。

资料来源：2014 年物流绩效指数。

阿塞拜疆、加蓬和哈萨克斯坦。收入组别的分散情况再一次表明：政策以及收入均会影响物流绩效。

虽然在收入组别内存在明显差异，但在解释 LPI 得分以识别绩效较高和绩效较差国家（见表框 1.3）时应谨慎应对。例如，对于地域较广、经济多样化的国家，高 LPI 评分可能并不表示绩效较高。

表框 1.3 LPI 评分与排名的准确度如何

尽管 LPI 及其构成要素现在为国家层面的物流和贸易便利化环境提供了综合性和可比较的数据，但其有效性仅限于特定的领域。

首先，国际货运代理商的经验也许并不能代表贫穷国家中更为广阔的物流环境（它们通常依赖于传统运营商）。国际运营商和传统运营商在与政府机构打交道时存在差异，它们的服务水平也同样存在差异。发展中国家国际网络的大多数代理商和分支机构均服务于大公司，且绩效水平不同（包括时间和成本），这不同于传统贸易网络。

其次，对于内陆国家和小型岛屿国家而言，LPI 报告也许可以反映其他国家的准入问题，如过境困难。内陆国家（如老挝）的低得分可能不能充分反映其贸易便利性改革努力，因为他们仍然依赖于主要通过泰国和越南的国际运输线路。

为说明以 LPI 调查为基础的数据集产生的采样误差，LPI 评分采用了大约 80% 的置信区间（参见附录 5）。这些置信区间界定了一个国家 LPI 评分与排名的上限与下限[1]。对置信区间必须仔细考察，以确定 LPI 评分的变化或两个分值之间是否存在统计学显著差异。只要 2014 年 LPI 评分下限超过 2012 年 LPI 评分上限，就应该考虑一个国家的绩效的改善有无统计学显著差异。

由于 LPI 的调查方法存在一定的抽样误差，因而一个国家的精确排名与政策决策者的相关性，可能没有它在更广泛绩效组别中与其他国家的接近性或统计学显著改进的相关性密切。

但在排名中，仔细对比变化分布可知，在所有四个版本的物流绩效指数中，排名非常相似。

因此，应谨慎解释 LPI 报告中的排名以及排名变化。在所有四次 LPI 调查的汇总数据中，41 个国家的评分是绩效最高国家的 70%或更高。为此，每个排名位置的平均差值为 0.023 个分数点。对于接下来的 65 个国家，评分为绩效最高国家的 50% ~69%，每个排名位置的平均差异为 0.009 个分数点。在评分为绩效最高国家 40% ~49% 范围内的 49 个国家中，每个排名位置的平均差异为 0.006 个分数点。这意味着那些绩效水平相似的国家的排名可能存在很大差异，尤其是处于中间或较低范围的国家。

注：LPI 排名上限的计算方法为：将一个国家的 LPI 评分提高至上限，同时保持其他国家评分不变，然后重新计算 LPI 排名。下限采取类似的方法计算。

认识到贸易便利化和物流的重要性后，决策者的目标是建立可以推动物流绩效发展的结构（见表框 1.4）。LPI 及其构成指标自 2007 年由世界银行推出以来，迅速获得了决策者和专业人士的认可，从国家层面到地区层面，乃至全球层面。

表框 1.4　贸易便利化带来的好处——从世界经济论坛 2013 年全球促进贸易报告得出的发现

仅改善两个贸易便利性关键构成要素——边境管理和运输与通信基础设施——会使全球 GDP 大约增加 2.6 万亿美元（4.7%），全球贸易额增加 1.6 万亿美元（14.5%）[1]。而完全取消关税仅会使全球 GDP 增加 400 亿美元（0.7%），或使全球贸易额增加 1.1 万亿美元（10.1%）。

这一数字表明降低供应链壁垒比取消关税的作用更大。这在贸易便利性较为适度改善的情况下也是如此，所有国家均在贸易便利性方面不完全提高其绩效，以达到区域性最佳实践。

那么，什么是贸易便利性改革之后GDP大幅增长的核心所在？降低供应链贸易壁垒可提高货物运输效率，从而节约可能会浪费的资源。相反，大多数情况下降低关税后会重新分配资源，效率并未得到较大改善。

虽然主要集中在那些贸易便利性改善程度最大的地区，但全球所有地区均会出现与贸易便利性相关的GDP增长。在更加乐观的情况下，这些地区将包括撒哈拉沙漠以南非洲、南非和中亚和西亚部分地区。从取消关税获得的收益主要出现在俄罗斯联邦、中国和其他一些国家。

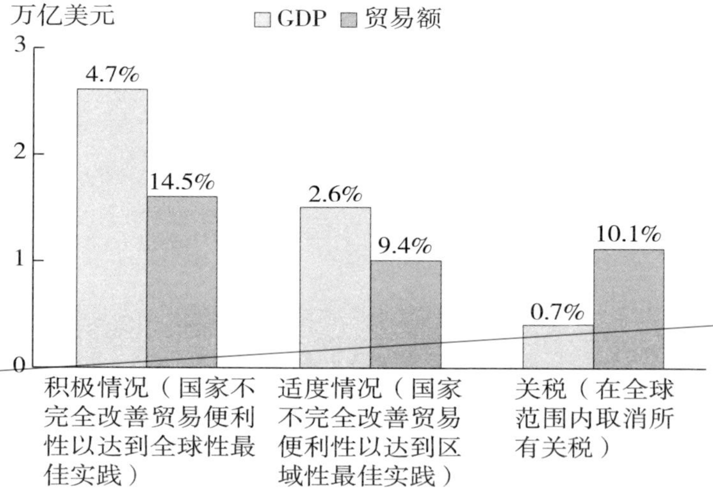

降低供应链壁垒对**GDP**的影响远高于关税

注释：

1. 以2007年数值为基数。

资料来源：《2013年世界经济论坛会刊》，第13页。

四个年份 LPI 评分的变化趋势

评分与排名变化趋势

相对 LPI 评分差距——按占评分最高国家的 LPI 评分的百分比表示——仅略低于 2010 年和 2012 年[①]。实际上，不同五分区平均相对评分绩效，符合一条与前三个版本非常相似的曲线（见图 1.7）。2014 年相对绩效评分最低的国家是索马里，其评分仅相当于绩效评分最高国家（德国）的 25%，但好消息是这确实比前几年相应的相对评分要高：2012 年为 19%，2010 年为 11%，2007 年为 7%。在绩效评估较高的国家中，第二个五分区和最顶部五分区之间相对评分较为紧凑。

2012 年和 2014 年 LPI 评分的相关系数为 0.91，名次之间相关系数为 0.86，我们应该牢记在心，和之前版本一样，由于数据是以调查为基础的，肯定会存在采样误差。只要 2012 年和 2014 年评分不重叠，就会存在统计学显著变化，只有 12 个经济体是这种情况（见表 1.8），负值变化主要出现在高收入经济体（中国香港特别行政区、新加坡和阿拉伯联合酋长国）和中等收入但政治不稳定的国家（阿拉伯叙利亚共和国和突尼斯）。

---

① 通过对 LPI 评分进行标准化来计算相对 LPI 评分：占最高绩效国家百分比 = 100 × (LPI − 1) / (最高 LPI − 1)，因此最高绩效国家的相对 LPI 评分最高，为 100%。

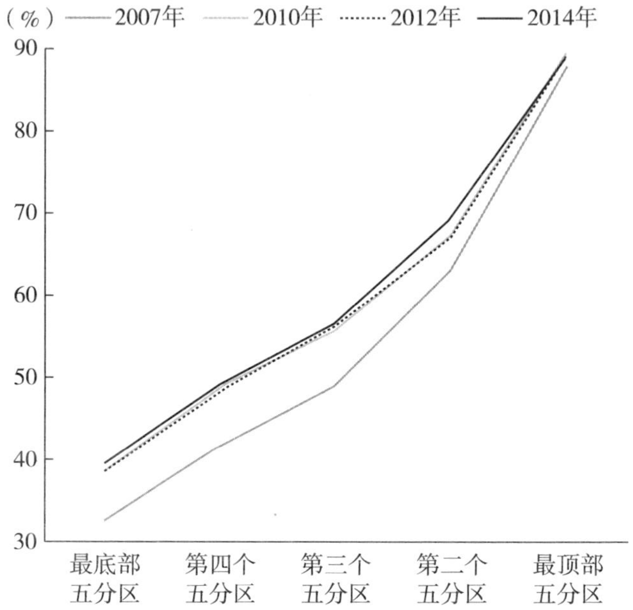

图 1.7　2007 年、2010 年、2012 年和 2014 年不同五分区的 LPI 评分占最高 LPI 评分百分比

资料来源：2007 年、2010 年、2012 年和 2014 年物流绩效指数。

表 1.8　　　LPI 评分出现统计学显著变化的经济体

2012—2014 年 LPI 评分出现统计学显著变化	低收入国家	中等偏低收入国家	中等偏高收入国家	高收入国家
正值变化	布隆迪、尼泊尔	萨尔瓦多	泰国	拉脱维亚、爱尔兰、英国
无变化		148 个国家		
负值变化		阿拉伯叙利亚共和国	突尼斯	中国香港特别行政区、新加坡、阿拉伯联合酋长国

这些变化的原因不一，叙利亚最为明显，主要因为武装冲突

已经切断了其之前的贸易通道。在突尼斯，负责海关和物流的机构已经瘫痪，由于关键工作人员的离职（由于政府在2012—2013年的政策）。相反，埃及的等效机构已得到了相对的保护。

对于高收入亚洲国家（如新加坡）而言，原因不是物流绩效绝对值降低，而是欧洲国家取得的进步更大，因为近期在欧盟（EU）已经提出了物流相关问题。中国香港、新加坡和阿拉伯联合酋长国的置信区间均非常窄（2012年不足0.07分，2014年不足0.06分）。因此，即使得分出现微小变化，也会表现出统计学显著差异。

汇总LPI评分与排名

作为2014年报告的新特点，四次LPI调查的六个构成要素评分用于生成一个“大表”来更好地表现国家绩效。这种方法可降低一次LPI调查与另一次调查中的随机差异，并能够对166个国家进行比较。

每个要素每年的评分按下列权重进行计算：2007年为6.7%，2010年为13.3%，2012年为26.7，2014年为53.3%，2014年为权重最高的最新数据。

在汇总的2007—2014年LPI评分中，德国排名最高，为4.10，其次为新加坡（4.06）和荷兰（4.05），欧盟（EU）28个成员国中的15个成员国和34个世界经济合作与发展组织（OECD）成员国中的23个国家是LPI评分排名前30位的国家。在这30个国家中，非OECD经济体包括：新加坡（排名第2位），中国香港（排名第8位），中国台湾（排名第20位），阿拉伯联合酋长国（排名第24位），马来西亚（排名第26位），中国（排名第27位）和南非（排名第28位）。

所有OECD成员国均处于前3个五分区内，其中墨西哥最低，以3.08分排名第49位（德国评分的67.3%）；所有欧盟成员国也均处于前3个五分区内，其中克罗地亚最低，以3.02分排名第55位（德国评分的65.3%）。自2007年起柬埔寨排名一直在稳定提升，现已排名第96位（见表框1.5）。同时，索马里以1.63分排名第166位，得分为最高分的20.2%（见图1.8）。

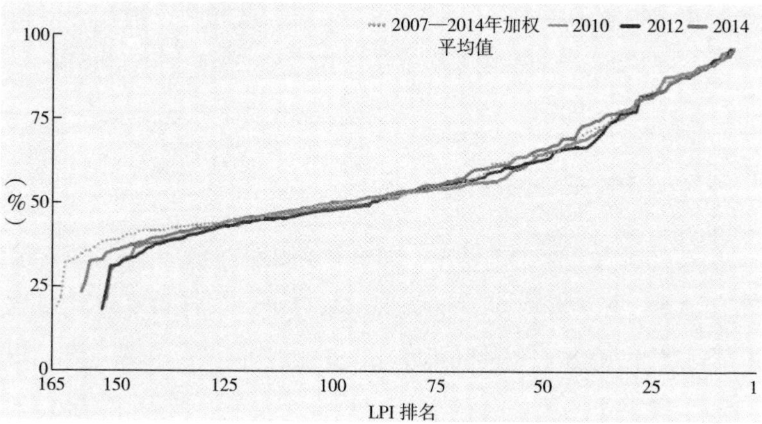

图1.8　按最高绩效国家LPI评分的百分比表示国家的整体LPI评分

资料来源：2007年、2010年、2012年和2014年物流绩效指数。

表框1.5　柬埔寨对改善边境管理做出的努力

近年来，柬埔寨在改革和现代化其进口、出口和中转业务方面取得了切实的进步，包括通过精简与协调海关手续使其符合国际标准。

这些改革已经促进柬埔寨提高其LPI排名从2010年的第129位上升至2012年的第101位和2014年的第83位。随着西哈努克港和该国周围的边境检查站自动海关手续和大量硬性基础设施的到位，包括货物实物检查在内的清关时间在2010年已降至5.9天，在2014年已降至1.4天。同样，抽选进行实物检查的托运比例已经从2010

年的29%降至2014年的17%，表明海关风险管理能力正在提高。

贸易便利化的进一步收益需要扩大柬埔寨海关与税务总署对其他边境管理机构的改革方案，因为在其他机构没有取得类似海关的那样进展：2014年LPI数据表明质量/标准检查和卫生/SPS机构的绩效低于海关。在世界银行项目中已经确认了超过120部的包含正式非关税措施法律、皇家法令、二级法令和其他法规，包括各种贸易所需的进口或出口相关许可、执照和批文。

因此，在世界银行的支持下，柬埔寨政府正努力实现原产地证书应用和签发的自动化，并通过贸易信息网站（可查阅到所有准则、法规、费用和手续）来提高透明度。其他合作领域包括制定蓝图指导国家单一窗口的实施，贸易商可通过这一单一窗口来完成法规要求的所有手续。这将意味着只需提交一次资料，且手续、风险评估和检查都能很好地加以协调。

虽然自2007年LPI起，各国之间物流绩效差距在逐年缩小，但高收入和低收入国家之间的物流差距仍比较大。和之前的LPI调查一样，2014年绩效最低的国家仍是最不发达国家——内陆国家、岛屿国家和战后国家（见表框1.6）。

表框1.6　内陆和沿海国家的LPI评分

在发展经济学方面来说，尤其是在贸易和运输便利化方面，人们已经给予了处于劣势地位的低收入和中等收入内陆国家很多关注。缺少通往海洋的通道对于内陆发展中国家的增长与发展构成了持续的挑战，限制了这些国家更好地融入全球贸易体系的能力。通过陆地运输出口或进口货物至少要经过一个邻国，且还需频繁变更运输方式，从而拉高了交易成本，降低了国际竞争力。

内陆发展中国家的问题还已经带来了大量政策性努力，如联合国制定的2003年的阿里木行动纲领，施行已有10年，目前正在对实施效果进行评估。

平均整体LPI评分描绘了2007—2014年世界银行业务地区内陆国家的贸易物流障碍。这一对比表现出一个相当一致的模式，在相同收入组别，沿海国家评分均高于内陆国家。在中等偏高收入组，在欧洲和中亚的这一差异为0.29个分数点。而在中等偏低收入国家和低收入国家这一差距更大，如在东亚和太平洋地区为0.44，在南亚为0.42。在同一收入组别，沿海国家和内陆国家的最大差距为0.49，这一差距出现在南亚的低收入国家。但在撒哈拉沙漠以南非洲的低收入沿海和内陆国家绩效相差无几。同样，在高收入OECD国家，内陆国家LPI评分（3.63）和沿海国家（3.68）的差距几乎可以忽略（0.05个分数点）（见下图）。

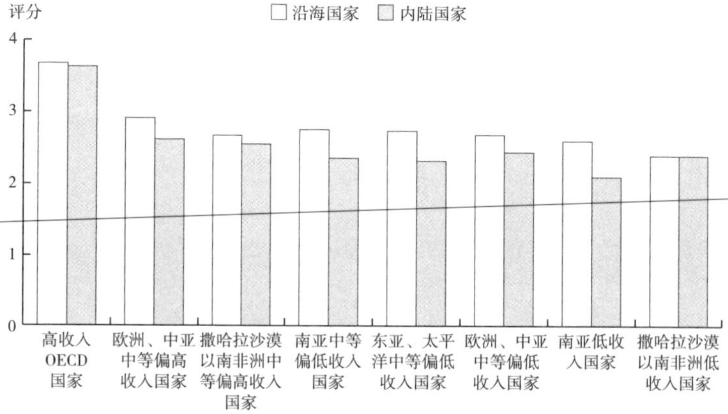

不同世界银行业务地区和收入组别2007—2014年沿海和内陆国家整体平均LPI评分

图资料来源：2007年、2010年、2012年和2014年物流绩效指数。

表框资料来源：《阿拉木图宣言》，2003；Arvis等，2011；联合国贸易与发展大会（UNCTAD）网站；世界银行，2013。

绩效差距的缩小，尤其是在“中间地带”（大致从第40位至第120位），使得中间地带的国家越来越多（见图1.8）。这种趋势必然会继续下去，因为大多数国家的商业环境和政策正开始有所改善。因此中间范围的国家的排名可能会发生较大变化，即使基础得分仅有微小变化。如果评分继续保持不变，排名也很可能会下降：2010年LPI排名在60～90的评分，相当于2014年LPI的70～100名（其中分数范围为2.56～2.80，如表1.9所示）。

表1.9　　汇总LPI中166个国家的分数范围和排名

下限占最高绩效国家评分百分比	范围内最高分	范围内最低分	范围内得分间隔	排名范围	范围内国家数量
90	4.096	3.785	0.311	1～17	17
80	3.782	3.503	0.279	18～29	12
70	3.443	3.170	0.273	30～41	12
60	3.165	2.856	0.309	42～65	24
50	2.836	2.551	0.285	66～106	41
40	2.543	2.244	0.299	107～155	49
20	2.222	1.625	0.597	156～166	11

第二部分

解析物流绩效的各个指标

国际 LPI 提供了一些关于整体物流绩效驱动因素的初步信息，但为进一步分析调查结果，有必要参考国内 LPI。本部分以国内 LPI 为基础，在国内 LPI 中，接受调查问卷的物流专业人士评估了他们工作所在国的物流环境。因此，国内部分包含各个国家的物流环境、核心物流流程与机构以及绩效时间与成本等更为详细的信息。这种方法是用来考察各个国家内部（而不仅仅是关口，如港口或边境）的物流限制。它分析了整体物流绩效的四个主要决定性因素，以此判断一个国家的物流绩效，这 4 个因素分别为：基础设施、服务、边境手续与时间以及供应链可靠性。

基础设施

来自最高五分区国家的受访者对其所在国基础设施的评价远远高于其他受访者（见表 2. 1）。其他 4 个五分区的差异没有那么显著，尤其是公路和铁路。尽管基础设施仍然是发展中国家的物流缺陷，但似乎正在不断得到改善。自前一次 LPI 调查起，就普遍认为所有绩效五分区的基础设施均有所改善（见图 2. 1），在绩效最高的国家中更是如此。如果这种看法反映出这些国家基础设施在已经发展强劲的基础上改善的速度将更快，这表明之前版本中指出的“物流差距”将持续存在。

表 2.1　LPI 五分区中认为每种基础设施质量为“高”或“非常高”的受访者比例（%）

LPI 五分区	港口	机场	公路	铁路	仓储与转运	ICT
最底部五分区	11	13	11	0	4	17
第四个五分区	22	25	11	6	18	37
第三个五分区	25	23	13	2	18	35
第二个五分区	30	29	21	12	39	55
最顶部五分区	61	66	57	29	68	81

注：ICT 指信息与通信技术。

资料来源：2014 年物流绩效指数。

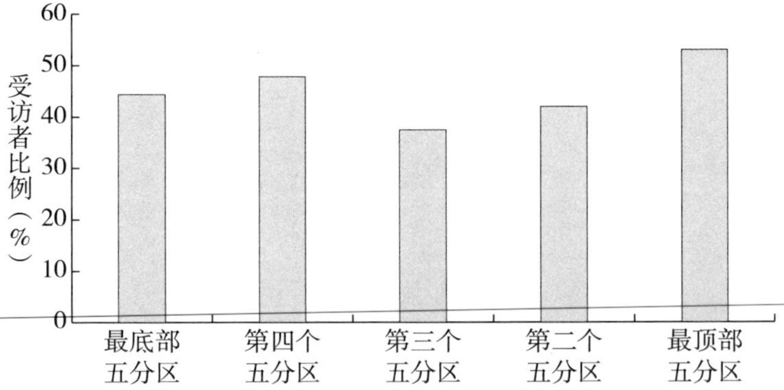

图 2.1　不同 LPI 五分区中认为自 2012 年起贸易与运输基础设施有所改善或大幅改善的受访者比例

资料来源：2014 年物流绩效指数。

基础设施类型不同，人们对基础设施的满意程度就不同。和几年前一样，所有 LPI 五分区内的受访者对 ICT 基础设施最为满意。尤其是在绩效较低的五分区内，与前些年相比，2014 年基础设施差距已经缩小，这也许是在其他基础设施方面已经赶上来的迹象。相反，铁路基础设施总体上来说还是难以让人满意：对铁路基础设施评价为“高”或“非常高”的受访者人数最多只有其他基础设施类型的一半。在最底部五分区，基础设施整体上无法令人满意——这是变化模式中的一个例外。

当世界银行业务地区对基础设施的国内 LPI 数据进行分解研究时，就出现了相似的模式，但不包括高收入国家（见表 2.2）。在所有区域（除东亚和太平洋地区）评价最高的是 ICT。在 2012 年的报告中，撒哈拉沙漠以南非洲对 ICT 的评价落后于其他区域，但在本版中，受访者广泛对此表示满意。不同区域对其他类型基础设施的评价差异很大，其中有两个特点非常突出。首先，拉丁美洲和加勒比海地区对公路基础设施的满意度非常低；其次，在所有区域对铁路基础设施的满意度仍比较低，这与对 LPI 五分区分析的情况一致。

表 2.2　世界银行发展中国家地区中评价每种基础设施质量为“高”或“非常高”的受访者比例（%）

地区	港口	机场	公路	铁路	仓储与转运	ICT
东亚与太平洋地区	24	29	16	6	20	23
欧洲与中亚	10	27	10	4	22	32
拉丁美洲和加勒比海地区	20	20	7	1	7	24
中东与北非地区	33	18	11	7	17	36
南亚	28	28	27	7	24	58
撒哈拉沙漠以南非洲地区	23	20	19	3	22	34

注：ICT 指信息与通信技术。

资料来源：2014 年物流绩效指数。

服　务

核心物流服务提供商的质量和竞争力是国家整体绩效的另一重要组成部分。对于所有 LPI 五分区中的国家，受访者对货运代理商的评分较高，通常位于或接近该类别的最高分（见表 2.3）[①]。不同五分区之间，对其他供应商类型的评分差异较大——尽管铁路运输服务和铁路设施一样，得到的评分较低（见表框 2.1）。很明显，和基础设施一样，位于最顶部五分区的国家对服务供应商质量和竞争力评分最高。在位于最顶部五分区的国家中，除铁路运输外，所有类别的服务供应商均被评价为高质量和高竞争力。

表 2.3　LPI 五分区中认为每种服务供应商质量与竞争力为“高”或“非常高”的受访者比例（%）

LPI 五分区	公路运输	铁路运输	航空运输	海运与港口	仓储、转运与配送	货运代理商	报关行	贸易与运输协会	承运商或托运商
最底部五分区	14	10	14	16	12	16	24	14	9
第四个五分区	17	3	38	45	34	50	50	28	31
第三个五分区	19	5	31	32	25	44	30	18	24
第二个五分区	33	17	49	54	52	57	45	36	36
最顶部五分区	69	31	71	67	71	71	71	58	47

资料来源：2014 年物流绩效指数。

① 虽然参与 LPI 调查的受访者为货运代理商和快递公司，但服务供应商的质量和竞争力由他们的同行进行评估。

表框 2.1 铁路的糟糕绩效

与公路运输相比，铁路货运具有多种优势，包括较小的环境足迹和潜在的低成本，至少体现在长距离或超长距离运输中。但铁路运营的本质导致铁路欠灵活，且可能没有卡车运输可靠。在许多国家，除大批量散装运输外，可靠性较低会抵消铁路货运所节约的成本。对于国内 LPI，受访者认为铁路货运服务的质量不如其他运输方式，这在低收入和中等收入国家更为严重。

铁路绩效较差的一个例外是在高收入国家，尽管仍存在较大差异，但高收入国家的受访者认为铁路货运服务质量较高的受访者比例远高于发展中国家。例如，德国铁路方面的绩效高于其他欧洲国家，而美国、加拿大和欧洲均已设法建立了可靠的定期集装箱服务，这为公路货运提供了一种可行的替代运输方式，甚至能够与海运物流解决方案相竞争。如果有足够的货运量，那么对其他国家来说，也可以达到这一卓越的运营水平。

为了满足货运人的需求，各国调整了供应链策略，使得这一方面的创新正在出现。例如，在欧洲、俄罗斯联邦和中亚地区，一些大型跨国公司已与代理公司和铁路运营商合作，并在欧盟和中国之间通过哈萨克斯坦建立了长期线路（即新丝绸之路），作为海运的替代方式。

不同版本 LPI 报告之间一直存在的一个发现就是，在服务质量和铁路基础设施之间存在强相关性，但即使在这种情况下，高效率的运营商也可以管理位于基础设施状态不太理想地区的运营状况。通常来说，管理和运营困难（在发展中国家尤为普遍）对于淡化利用铁路得来收益的作用最大。在不太复杂的环境中，通常对于内陆发展中国家，延迟和复杂手续会消耗运营商时间并增加成本，另外，由于等待回程装货，不平衡货运流量可能会增加成本。

在某些地区（如非洲），铁路在大部分货运通道仅起到了边际作用。在众多限制因素中，基础设施质量差、铁路部门（代表政府）和土地使用权所有者之间分担基础设施成本的方式以及赢得土地使用权的公司的性质（有时与港口、内陆集装箱仓库或集装箱码头作业相差甚远）均影响铁路运输相对于公路运输的竞争力。

资料来源：Arvis，Raballand 和 Marteau，2010；Arvis 等，2011。

所有五分区国家的受访者几乎总是对服务供应商比基础设施质量要满意（比较表 2.1 和表 2.3），但在绩效最高国家中差异一般较小。即便如此，在包括最顶部五分区在内的几个五分区中，对公路运输服务供应商和公路运输之间的满意度仍存在显著差异。

在世界银行业务地区似乎普遍存在服务与基础设施之间的绩效差距（见表 2.4）。中东和北非地区空运和南亚的海运尤为如此。一般来说，对服务和基础设施满意程度的差异在空运和海运尤为明显，在某些地区，在公路运输和铁路运输之间也非常明显。这些数据表明，需要进一步完善与运输相关的基础设施，以便积极改革服务市场，给终端用户带来可能的最大化收益。

表 2.4　认为服务质量“高”或“非常高”受访者与认为基础设施质量“高”或“非常高”受访者比例之差（%）

地区	海运与港口	空运	公路运输	铁路运输	仓储、转运与配送
东亚与太平洋地区	9	0	4	5	9
欧洲与中亚	22	3	14	5	14

续　表

地区	海运与港口	空运	公路运输	铁路运输	仓储、转运与配送
拉丁美洲与加勒比海地区	7	12	2	0	18
中东与北非	13	30	10	-1	12
南亚	23	9	0	3	1
撒哈拉沙漠以南非洲地区	20	12	-4	1	9

资料来源：2014 年物流绩效指数。

边境手续与时间

LPI 涵盖了边境手续与时间的多个指标。按地区和收入组别对这些数据的分类结果如附录 2 所示，按国别对时间和成本进行分类结果如附录 3 所示。

进口与出口时间

衡量物流绩效结果的实用标准是完成贸易交易所需的时间。正如 LPI 所度量的，绩效较高国家港口和机场供应链的进口交货周期中值[①]较低（见图 2.2）：位于最底部五分区内国家所需时间通常是位于最顶部五分区内国家的两倍。尽管仍存在较大差距，但差距仍要比 2012 年（3.5 倍）小，且差距可表明物流和贸易便利化的收益。

位于两个最底部和最顶部五分区内国家通过陆运进口货物所需的时间要比通过空运或海运长。陆地距离和进口交付周期之间

① 进口货物的交货周期是指从卸货港口到运送到收货人的平均时间。

的相关系数（约为0.6）表明，除基础设施外，地理位置障碍、服务提供和其他物流问题对于决定一个国家与世界市场接轨的能力非常重要。实际上，位于最底部五分区国家中两种类型供应链的距离要比位于最顶部五分区国家长得多（港口和机场为4倍，陆地运输将近3倍）。

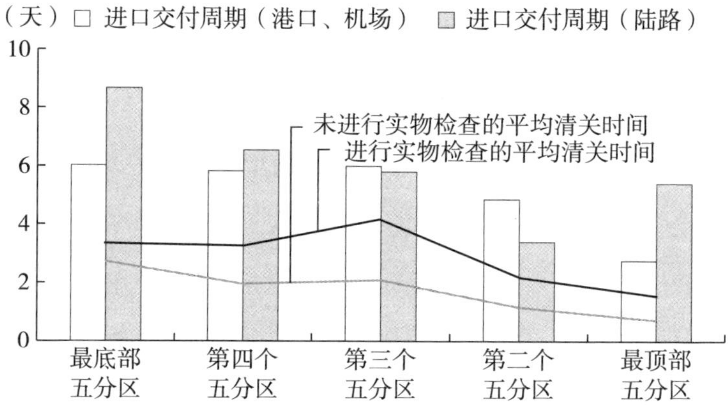

图 2.2　不同 LPI 五分区进口交货周期中值与平均清关时间

资料来源：2014 年物流绩效指数。

除图 2.2 中涉及的地理和速度外，影响进口交付周期的另一个因素是边境手续效率。在办理手续的所有阶段均可缩短时间，在抵达货物的清关环节尤为如此（见图 2.2）。物流绩效较低国家需要对其边境管理进行改革，以便减少烦琐程序、过多令人费解的手续及实物检查。虽然所有 LPI 五分区中通过海关对货物进行清关的时间仅占总体进口时间的一小部分，但即使是在高绩效国家，如果对货物进行实物检查，所需时间也会大幅增加。核心海关手续在各个五分区中大同小异，但相比较而言，低绩效国家进行实物检查更为普遍，甚至同一批货会由多个不同机构重复进行检查

（见表 2.5）。

表 2.5　不同 LPI 五分区中认为所列海关手续可以获取并正在使用的受访者比例（%）

海关手续	最底部五分区	第四个五分区	第三个五分区	第二个五分区	最顶部五分区
支持文件的在线处理	17	38	31	47	75
报关申请的在线处理	50	64	72	89	99
进/出口手续和要求的在线发布	50	64	73	83	94
进口货物实物检查（所占比例）	50	23	36	16	6
评审/申请的可获得性	42	61	62	61	77
最终清关地点的选择	48	58	56	76	81
利用参考价格或其他专断价格估价	75	76	84	68	44
运达前的处理	43	46	56	45	71
正式对话流程	49	59	53	62	72
在清关中使用有资质报关行的要求	79	79	79	78	66
对进口货物进行多重实物检查	14	11	13	5	5
最终清关前的担保发布	64	58	67	60	62

注：除另有说明外，均指受访者比例（%）。
资料来源：2014 年物流绩效指数。

出口供应链的手续通常要比进口供应链手续较为简化，因此出口交付周期要比进口交付周期短（见图 2.3）。但出口交付周期同样也存在我们所熟悉的物流鸿沟——低收入国家所花费时间是高收入国家的两倍（见图 2.4）。而且，对于陆运供应链的出口时间，低收入国家与其他国家的差距要远大于中等收入国家和高收入国家之间的差距。许多低收入国家的出口交付周期较长，这削弱了他们的出口竞争力和参与国际贸易的能力。

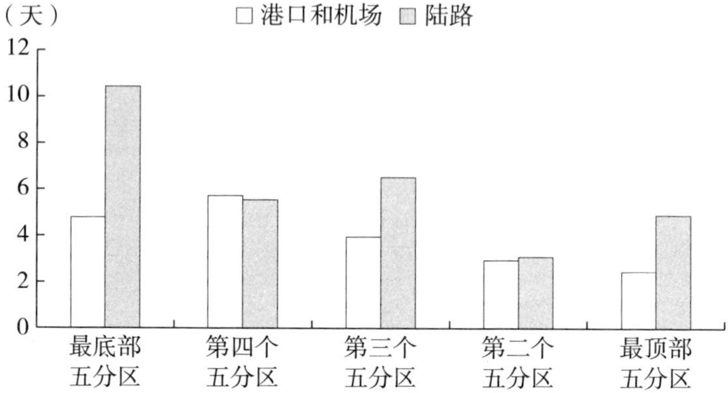

图 2.3　不同 LPI 五分区出口交货周期中值

资料来源：2014 年物流绩效指数。

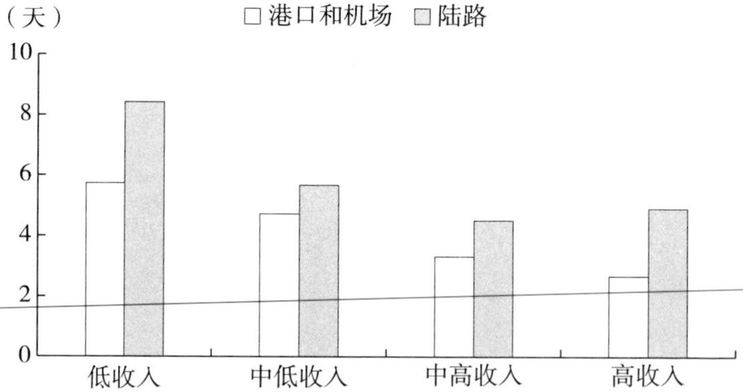

图 2.4　不同收入组别出口交货周期中值

资料来源：2014 年物流绩效指数。

和交货周期不同（这在全球范围内差异很大），海关手续正变得越来越相似（见表 2.5）。这里最大的绩效差距出现在最底部五分区和所有其他五分区之间；中间的三个五分区较为接近。

甚至某些手续（如需要由持证海关报关员进行清关）在最底部和其他五分区之间的差距也比其他手续（如在线处理或进行实物检查）之间的差距要小。然而，位于最底部五分区的国家似乎在执行关键便利化措施像在线处理文档（如原产地证书或卫生证书）上与绩效较高国家的差距仍非常大。除位于最顶部五分区内的国家外，货物估价仍存在差异，参考价格或随意抬高价格行为很常见。

就连海关手续也变得越来越相似，许多国家发现其供应链绩效仍受限于其他边境机构，因为海关不是管理边境的唯一机构。所有边境管理机构之间的合作——标准、运输、健康及卫生与动植物检疫（SPS）——对于改革而言至关重要。引进现代管理方法对于实现监管服从也同样重要。

2014 年 LPI 数据表明，对于质量和标准检验机构而言，海关和其他边境管理机构之间的绩效差距似乎正在缩小。但对于健康和 SPS 机构之间来说，其绩效差距仍然存在（见表 2.6），这在许多国家可能会阻碍更高效的进口手续。各个机构之间存在这种差异的一个原因在于对于不易腐烂或时间不紧的货物很少需要检验过程；另一个原因在于卫生和 SPS 机构已经逐步实现自动化。

表 2.6 列出了 2012 年 LPI（《联结以竞争 2012》，见表 2.6）的概览，表明在绩效最低的国家中，实际状况可能不会随时间发展而有所改善。在最底部五分区中，表示对所有 3 个边境机构均满意的受访者的比例有所下降（其中，海关从 19% 降至 18%，但差异不显著；质量与标准检验机构从 17% 下降至 9%；卫生/SPS 机构从 11% 下降至 9%）。相反，在最顶部五分区，尽管除海关外也会出现一些负值，但总的来看数据比较稳定。

表 2.6　不同 LPI 五分区中认为 3 个边境机构服务质量与竞争力质量为“高”或“非常高”的受访者比例（%）

LPI 五分区	海关机构	质量与标准检验机构	健康/卫生与动植物检疫机构
最底部五分区	18	9	9
第四个五分区	35	27	25
第三个五分区	19	22	11
第二个五分区	40	30	26
最顶部五分区	68	53	50

资料来源：2014 年物流绩效指数。

烦琐程序

烦琐程序的指标表明边境管理机构协调功能缺失，其结果是私营物流运营商承担着相应的负担。通常而言，在位于最底部五分区的国家，运营商需要打交道的政府机构大概是最顶部五分区国家的 1.5 倍（见图 2.5），尽管在 2012 年和 2014 年之间差距有所缩小，但这一差距仍然存在。最顶部五分区国家通常需要 2 份贸易交易证明文件，而在最底部五分区国家则需要 4 份，这也是上一版和当前 LPI 之间一直存在的一个物流鸿沟。

简化进出口的文件手续一直被列为贸易便利化日程上的优先项目，从而推动了对边境机构进行协调整合以及为贸易创设单一窗口系统等举措。世界银行与国际金融公司的经商指标高度重视类似的手续简化举措。不过，还需要在边境管理其他方面采取措施，而且一般来说，还包括贸易相关的软、硬基础设施。

简化流程是 WTO 最近订立的《贸易便利化协定》（见表框

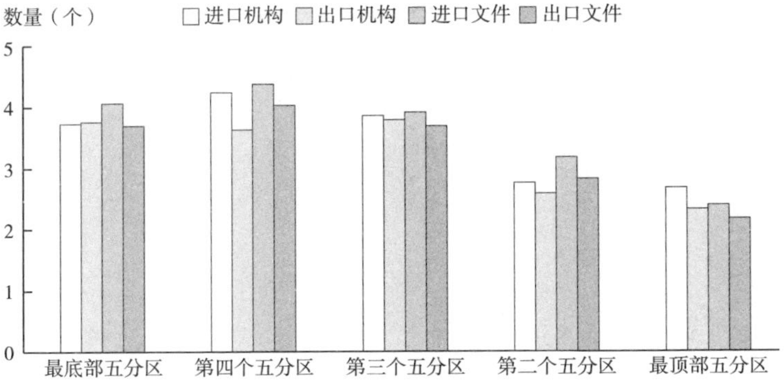

图 2.5　不同 LPI 五分区中影响进出口交易的烦琐程序

资料来源：2014 年物流绩效指数。

2.2）。该协定在两个方面具有催化作用。首先，其标准受到 WTO 必须遵守的贸易规定约束；其次，这会加强提供技术援助和能力，为发展中国家和最不发达国家提供支持。确实，在全球的经验表明许多便利化措施（如创设全国单一窗口系统）实施时非常复杂且需要持续努力。要考虑不同国家间执行能力的差异，贸易便利化协定为发展中国家和最不发达国家制定了许多防止误解的说明，从而在实施方式方面具有更大的灵活性。

表框 2.2　WTO 贸易便利化协定

经过 9 年多的谈判，WTO 成员国于 2013 年 7 月在印度尼西亚巴厘岛召开的部长级会议上就《贸易便利化协定》达成了共识。最终协定以目前的 50 年前的贸易规程为基础，涵盖关税及贸易总协定的第 5、第 8 和第 10 条，包括较快和较高效海关和边境管理手续的规定。

关键措施包括关于向贸易商发布和提供可用信息，并让海关和边境管理采用现代方法。原则包括：

- 海关机构通过清关后审计风险管理制定操作标准；
- 透明度措施，如新立法、对行政决策上诉和提前裁决的透明度；
- 加强政府机构间合作，如在全国采取单一窗口系统；
- 简化国际转运手续指南。

实际上，新人协定在WTO许多标准和最佳规范（记录于其他国际文书）的正式主持下生效了。在许多方面，巴厘协定仅制定了最低通用标准；只有在国家都准备好超越这一最低通用标准时，才能完全实现贸易便利化的益处，例如，区域一体便利化框架，其与欧盟的一体化框架类似。

供应链可靠性

对于一个国家的供应链来说，导致绩效不佳的某些原因是内生的，例如，服务质量、清关流程的速度和成本。但其他一些原因（如依赖于间接的海运航线）则不属于国内供应链范畴，因此不是一个国家能够控制的。

LPI报告详细阐述了与国内服务和机构绩效无直接关联的延误的可能原因（见表2.7）。最顶部五分区和最底部五分区之间再次出现明显反差。在5种延迟类别中，有3种反差尤为明显：非正式支付（腐败性支付）、强制转运和海上转运。这些方面与2012年LPI报告中的3项相同，因此，从政策的观点来看，如果低绩效国家想要开始赶上处于领先地位的国家，他们需要更多地关注这些因素。

表 2.7 不同 LPI 五分区和延误类别中认为货运“经常”或“几乎总是”发生延误的受访者比例（%）

LPI 五分区	强制仓储	装船前检查	海运转船	失窃	非正式支付
最底部五分区	44	37	31	17	44
第四个五分区	26	34	40	12	19
第三个五分区	24	33	36	19	33
第二个五分区	14	20	19	12	30
最顶部五分区	6	10	7	2	4

资料来源：2014 年物流绩效指数。

延误和意外成本在最底部五分区国家中很常见，从而会影响整体供应链绩效。更糟糕的是，在所有 LPI 五分区中延误发生率存在上升趋势，尤其是在较低的五分区。在有关最底部五分区 2014 年 LPI 报告中，有 40% 的受访者表示，货运经常或几乎总是因强制仓储、装运前检查或非正式支付而延误。因前两项原因导致的延误次数与 2012 年相比有大幅下降，但大致与 2010 年 LPI 报告相符。各个版本间因非正式支付导致的延误次数保持稳定。一般模式表明，供应链的可预测性是一个亟待解决的商业问题，尤其是在绩效最低的那些国家。最底部和第四个五分区之间的差距非常明显，这表明通过相对适度的政策干预提高绩效是可能的。

可预见且可靠的供应链是良好物流绩效的中心环节。确实，交货周期变化过大会打乱货物的生产和出口，从而迫使企业采用高成本策略，如使用快速货运或大幅提高库存，这在全球和地区性使用准时制生产的价值链中会大幅降低竞争力。虽然企业也可以采用其他策略（例如，裁员以应对会影响供应商的断货），但对于想让其企业参与并进入全球性和区域性价值链的国家来说，全球市场动力是提供可预测、可靠供应链的条件，保证可靠供应链已势在必行。

政策决策者更关注供应链可靠性和可预测性的另一个原因在于新兴的全球和区域贸易网络化结构，这在一定程度上与提升价值链有关。在一个网络内，一个节点的微小影响可迅速扩散，且有时会不可预见地扩散至其他节点。与网络化生产模型有关的高效收益会与升高的系统风险相伴而来，从这个意义上说，结构本身易受针对关键环节微小冲击的影响。其结果就是无法为发展中的可预测和可靠供应链提供条件的国家将日益与世界市场脱钩，这在世界市场网络化生产模式中非常普遍。低绩效国家需要给予更多的政策关注来提高他们的联结性，并防止他们进一步朝全球贸易体系边缘化发展。

供应链可靠性和可预测性会进一步反映在国内 LPI 关键绩效指标中，即清关与交货的及时性（见图 2.6）。鉴于随着 LPI 五分区下降，延误频率会随着物流绩效的下降而大幅上升，清关与交货的及时性也会随之下降。因此，LPI 排名最低和最高国家的准时到货率截然不同。在最顶部五分区，大多数受访者认为进口和出口货运“经常”或“几乎总是”按时到货，在最底部五分区，只有一半左右的受访者这样认为。这两种情况的绩效与 2012 年 LPI 报告非常相近，这再一次强调了低绩效国家提高供应链可预测性和可靠性措施的重要性。

最底部的两个 LPI 五分区的出口按时到货率和进口按时到货率之间的差异最大（见图 2.6）。进口获得高评分的百分比极低这一事实表明，在实际中（如果不是在法律上）供应链可靠性对外国货物存在歧视。随着全球范围内传统贸易壁垒的继续瓦解，造成这种事实上歧视的政策原因，会成为绩效和贸易结果越来越重要的决定因素。因此，找到意外延误的原因（包括清关过程中的不

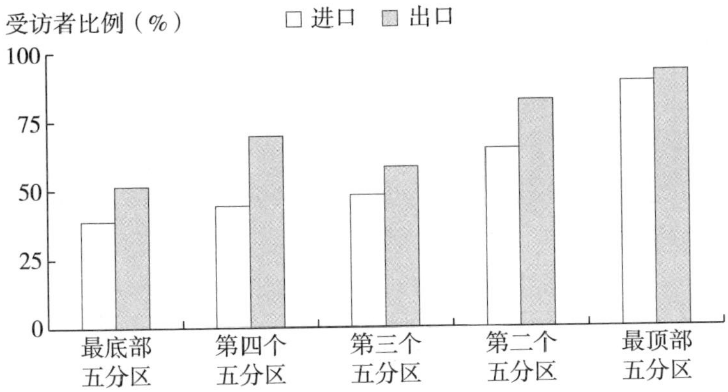

图 2.6 不同 LPI 五分区中认为货运“经常”或“几乎总是”在既定时间内得到清关和配送的受访者比例

资料来源：2014 年物流绩效指数。

可预见性、内陆过境延误以及服务可靠性较低），应成为低绩效国家物流改革的重要组成部分。

以上着重强调的情况在一些世界银行业务地区比其他地区更为严重（见图 2.7）。除了出口—进口绩效差距外，这些数据还表现出了地理性可预见性差距，伴有竞争力影响和区域性供应链及生产网络的扩展。但图 2.7 中的数据与 2012 年 LPI 报告中的数据差异很大，其中南亚、中东和北非地区绩效要比其他地区差得多。

供应链可预见性不仅仅事关时间和成本。更深一步的考虑，对于私营部门运营商及其客户而言，还包括货运质量，这在 2014 年 LPI 报告中差异很大（见图 2.8）。在最顶部 LPI 五分区中，仅有 13% 的货运未达到公司的质量标准，第四个五分区的这一数字翻了一番还要多，达到 31%。

货运代理中最重要的质量标准是在承诺时间内送达货物。几乎与其同等重要的是货物组成或文件无差错。在高绩效国家可以

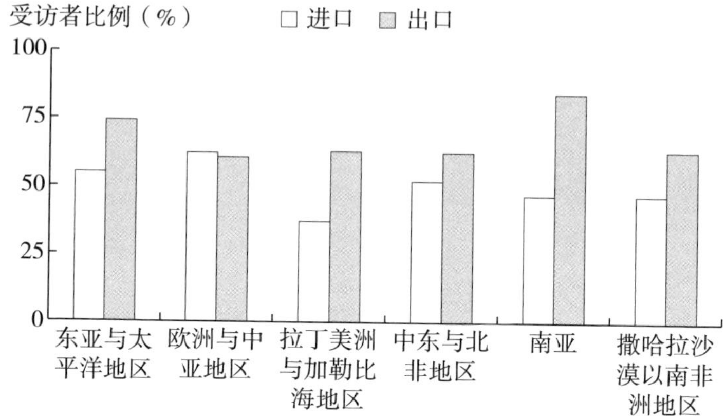

图 2.7　世界银行不同发展中国家业务地区认为货运“经常”或“几乎总是”在既定时间内得到清关和配送的受访者比例

资料来源：2014 年物流绩效指数。

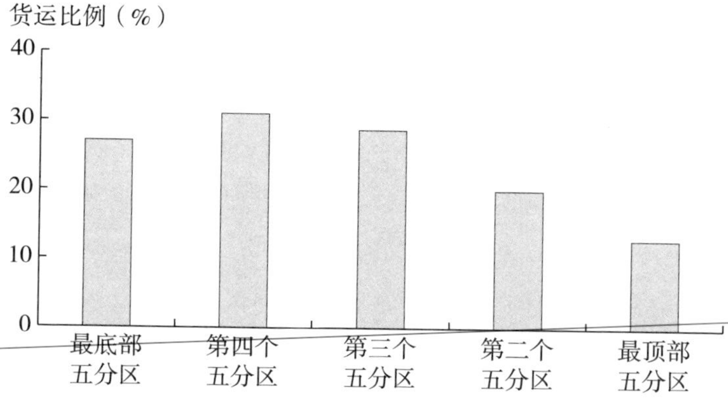

图 2.8　不同 LPI 五分区中不符合公司质量标准的货运比例

资料来源：2014 年物流绩效指数。

接受的质量范围要比在低绩效国家小得多，同样在高绩效国家可以容忍的错误要比低绩效国家低得多。货运质量差距仅在一定程度上反映了这些不同的预期值。

第三部分

前进道路上的新挑战：贸易便利化与物流

“我们的方案专注于如何增强我们的全球竞争力，尤其是在物流方面。”……“LPI 是我们提高物流绩效的参考。”……“LPI 有助于我们制定物流政策，并指出哪些方面必须做出改进以提高我们的竞争力。”

——Edy Putra Irawady，印度尼西亚经济事务协调部副部长

提高物流绩效是增强竞争力和促进贸易一体化政策的核心。最近贸易研究表明，改善物流是发展中国家最具降低贸易成本潜力的手段（见表框 3.1）。WTO 在巴厘岛订立的新协议，专注于核心贸易便利化标准，也是认识到这一点并朝向实现便利化方向努力的一个例子（见表框 2.2）。

表框 3.1　物流效率低下是贸易成本的主要来源

在双边贸易成本中包含的从价税意味着在出口国货物出厂价和进口国消费者支付价格中制造了一种贸易壁垒。因此，在国际贸易标准模式下，其与传统的冰山贸易成本定义相一致，且包括多种因素，如距离、供应链效率低下，以及关税和非关税壁垒。国际贸易成本表明了在国际销售货物比在国内销售货物的成本高得多。贸易成本越低，一个国家在全球及区域一体化中的竞争力越强。

UNESCAP——世界银行双边贸易成本数据库分别列出了工业产品和农产品的贸易成本[1]。Arvis 等（2013）对贸易成本来源进行了估计，正如所预料的那样，距离是贸易成本的主要来源，但物流绩效和联结至少同样重要，关税更是如此。

发展中国家面临更高的贸易成本，这在一定程度上凸显了解决成本来源政策的重要性，政策措施在降低成本方面确实能够起

到很大作用，同时还会促进贸易一体化，尤其是通过改善联结性和物流的措施。

注释：

1. http://data.worldbank.org/data-catalog/trade-costs-dataset.

物流不仅限于运输和贸易便利化，它只是边境日程的一部分，还包括服务、设施建设、基础设施和空间规划。可持续发展能力和环境足迹问题日益受到关注，尤其是当与 OECD 成员国接轨时（见表框 3.2）。某些国家（如内陆国家）的需求也必须加以调解（见表框 1.6）。对处于危机中的国家施以“人道主义物流”也日益受到关注。

表框 3.2 托运商对环境友好供应链解决方案的需求

2014 年 LPI 调查问卷中包含（同之前的版本一样）一个关于托运商对环境偏好的问题：“当运送货物到某目的地时，托运商要求采用环境友好运输方式（例如，从排放水平、路线选择、交通工具、日程的角度考虑）的次数多吗？”

结果表明，和之前的调查结果一样，在向 OECD 国家运送货物时，大约 1/3 的托运商会考虑可持续性和其国际供应链的环境路径。对于运货到低收入国家的托运商，这一数字仅有 1/10。与之前版本的 LPI 报告相比，表面上更具环保意识的托运商的比例有所增加，在所有收入组别，则保持相同水平。OECD 国家的绝对变化值最高，这进一步扩大了不同收入组别之间的“可持续发展差距”。

预测到托运商这一需求的变化趋势，大型物流服务供应商，主要是快递公司（DHL、联邦快递、UPS 和 TNT）已经提供了全球化服务来满足这一点。这一变化将很可能有助于将绿色物流从富裕且已经对环保敏感的经济体扩大到发展中国家。因此，物流绩效和可持续性已越来越多地被当作强制性目标。

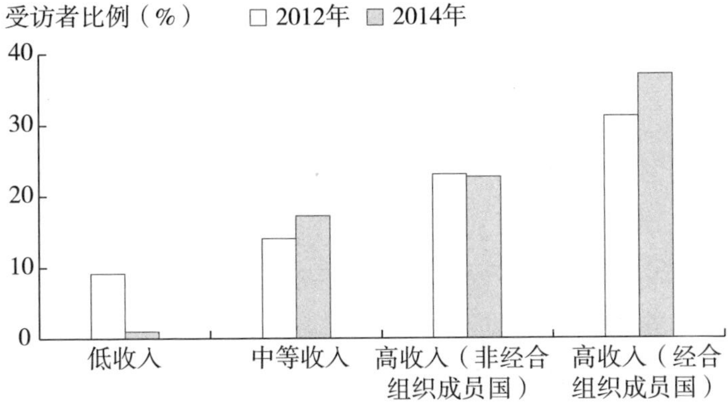

在不同收入组别中当货运到某特定地区时认为托运商“经常”或“几乎总是”要求采用环境友好运输方式的受访者比例

注：对 2012 年 LPI 调查包括的回答根据 2014 年收入组别进行重新分配，以免产生样品构成影响。

资料来源：2012 年和 2014 年物流绩效指数。

许多国家正面临着更加复杂的改革问题亟待解决。在不同国家类别内，改革方案的制订和实施最终会在全国或区域范围内开展。另外，由于供应链的稳健性取决于其最薄弱的环节，一个领域在解决绩效瓶颈问题过程中可能不会感受到所带来的益处，直到其他领域也做出改进。

改革的领域：不会再有可轻易实现的目标？

在前两部分中，我们强调了改革的领域。本部分将详细阐述基于LPI变化趋势、理论及实践分析的意义以及当前项目进展，如同世界银行员工所见到的那样。

考虑到中等收入国家的高度复杂性，该报告肯定了制订稳定措施计划的必要。我们将越来越难以发现那些在早期各个国家很容易实现的目标。渐进式改革可能无法解决最薄弱的环节，且如果未能广泛解决人们抗拒变化的激励机制，那么改革很容易被政治环境的变化所抵消或逆转。结合立法变革，加之运营商的投资计划与激励机制，最成功的国家正在发生着深远变化。大的国家如巴西和印度尼西亚，已经建立了高水平的跨部门机构来帮助管理这些复杂问题。

尽管发展中国家基础设施需求并没有发生变化，但一些基础设施和服务问题却需要给予更多关注。最明显的就是在所有收入水平低的国家均缺乏可靠的铁路服务。虽然绿色运输政策强调了从公路向铁路运输转移的重要性，从而影响了对铁路的需求超过固定的大宗市场，但除了一些高收入国家外，在绩效方面将需要开展尚未发生的转型变革。

此外，与物流友好国家出现外包一样，发展中经济体也越来越期待从不同角度促进经济发展，如仓储规定或物流集群的空间规划。与公路运输一样，服务改革仍是需要优先发展的领域。

贸易便利化依然是核心议程项目，鉴于在巴厘岛订立的协定，这在最近也为全球业内人士所关注（见表框2.2）。实行贸易便利化的挑战也受到了来自政府和全球发展共同体的更多关注。目前面临的迫切需要是与许多利益相关者一起开展更多复杂的项目，例如，在流程方面比自动化海关慢的国家。这一领域的一个例子就是将边境机构流程整合为贸易清关的一部分。据国内 LPI 分析结果（见表框 1.5）显示，人们认为这些机构比海关更为麻烦，这些机构包括标准、运输、健康/卫生与动植物检疫（SPS）。

正如在 2012 年《世界银行物流绩效指数报告——联结以竞争：全球经济中的贸易物流》中所指出的，对贸易和运输手续的区域一体化来说进展仍相对较慢，如过境制度便利性的提高主要体现在如内陆国家的贸易走廊绩效的增长上。

根据事实制定政策

越来越多的政策决策者们正在寻找关于制定决策依据的数据，总的跨国家基准（如 LPI）就很实用，且可通过具体模式的联结指标加以补充，如海运和空运。它们可提供国际可比性，但仍保持大致的基准。我们需要更为详细且特异性更高的数据来评估决策对于港口、贸易走廊、边境口岸、货运改革等的影响，具体分为两类：

● 绩效结果对成本、时间和具体供应链（例如贸易走廊或港口）可靠性影响的衡量；

● 降低物流成本对经济的影响。

随着大多数供应链中自动化程度的提高，我们经常可以获得原始绩效数据。目前，我们在衡量绩效方面有着丰富的经验，例如，在发展中经济体（“运输走廊观测站”撒哈拉沙漠以南非洲地区运输政策方案）[①] 或高收入国家的贸易走廊绩效（2012 年 LPI 报

---

① Raballand 等，2008。

告提出的加拿大内部货源走廊监测经验）[1]。

评估经济体的物流路径非常复杂。多个政府或全国性物流协会已经通过具体的企业调查对此加以监测，包括那些在德国、法国、巴西、北欧国家、泰国和马来西亚的物流协会。这些调查试着评估物流在生产和贸易中的支出，并分析服务供应商的运营成本。许多国家已经复制了芬兰的调查模型，包括希腊和哈萨克斯坦[2]。

不同国家的差异化需求

虽然随时间推移而产生的变化会模糊第二类和第三类（部分绩效国家和一致绩效国家）的界限，但四类分析（在《2014 年 LPI 主要研究发现》中进行了详细描述）仍然相关。物流友好型国家的一个最重要的特性就是服务完善程度，这使得他们的生产商能够将物流外包给第三方供应商，从而在专注核心业务的同时提高竞争力。在其他国家类别中外包较为少见，甚至不存在（见表框 3.3）。

物流不友好类别的国家最需要从国际发展共同体及邻国之间获得支持。这些国家包括面临棘手治理问题（如冲突后国家和脆弱国家）的国家和受经济规模太小或地理联结性限制的国家（如内陆发展中国家和小型岛屿国家——见表框 1.6）。解决上述

① www. tc. gc. ca/eng/policy/anre－menu－3023. htm.

② 例如，爱沙尼亚（Kiisler 和 Solakivi，2014）、芬兰（Solakivi 等，2012）和希腊（世界银行，2014）的全国物流调查。

的一些执行难题，如区域性过境制度①，对于未来的发展将非常关键。

表框 3.3　外包对贸易和竞争力的影响

生产和批发/零售（托运商）公司经常将产品交付职能外包给“第三方物流”（3PL，3PL 集运输、仓储以及相关物流和信息技术服务于一体）供应商。合作伙伴会更加专业化：托运商专注于其生产或商业的核心业务，而 3PL 供应商则开拓更好的途径来提供供应链中的其他服务，包括货运代理、仓储和运输。

物流外包是强大物流绩效和成熟物流市场的一种表现，通常是物流复杂性的一个直接指标。在发达物流市场，托运商和其他 3PL

---

① 过境体系的定义和 Arvis 制定的过境制度（Mclinden 等，2011）：过境体系意味着服务于贸易走廊的基础设施、法律体制、机构和流程（看作一个整体），每种过境体系必须具有以下六个要素：

- 允许过境贸易的政治承诺，根据双边、区域化或多边条约制定。
- 过境基础设施，包括边境检查设施。
- 与沿贸易走廊货物运输有关的具备某些能力和资质的公共与私人机构和人员；
  - ➢ 过境国家监督物流的公共机构，主要是海关和其他参与管理国际贸易和运输的机构；
  - ➢ 运输服务，包括卡车运输业、海关行和货运代理商。
- 将许多参与者汇集，在过境和走廊业务的信任建立机制、伙伴关系和合作倡议。
- 有利于车辆和人员流动的环境，包括车辆登记、跨国货运服务的贸易规定、为司机分配签证、相互保险识别、跨国整合的金融部门和法律的实施。
- 适用于过境货运和货物承运商或贸易商的规定和程序。

第 6 项也是最后一项构成要素——过境法规及程序，即为过境制度。过境制度是过境体系的核心所在，因为该制度管理并使货物运输从起点（通常为港口）向目的地（如目的国家的清关中心）运输成为可能。

如果国家想要增强竞争力，那么需要鼓励发展第三方物流功能，包括服务领域的物流功能。为确保服务高效率且具有竞争力，政府需要制定长期政策以提高和保持服务竞争力，包括允许各自国家参与全球供应链的物流服务。一个国家基于低劳动力成本或充足自然资源的竞争力，会很容易被低效的物流所抵消。

雇佣者通常会将其60%的货运代理、70%的仓储和89%的运输服务外包。其余则自行解决。

即使在尚未发展出成熟物流市场的高收入国家，外包和3PL也比较少见。在欧洲外围国家或新兴经济体，外包通常为30%或更低。在非洲的低收入经济体，外包通常可以忽略。尽管这些国家高级物流服务的内在需求可能较低，但这些服务的提供也会受到监管和其他约束的限制。

2012年，据估计3PL的全球市场额高达6770亿美元。其在亚太地区（2012年最大的区域市场，高达2360亿美元）增长速度一直特别快，其次是美国（1700亿美元）和欧洲（1560亿美元）。

资料来源：2014年Langley和Capgemini咨询报告；Pasadilla和Findlay，2014。

贸易物流改革矩阵

根据本书第二部分的结果和世界银行项目经验，我们更新了早期版本中提出的不同绩效组政策优先矩阵。在大多数例子中，这些矩阵仍非常复杂，且作为一揽子政策的一部分加以执行（见表3.1）。

表3.1　贸易物流改革矩阵

LPI构成要素	最底部五分区	第三和第四个五分区	第二个五分区	最顶部五分区
运输基础设施	√	√	√√	√
ICT	√	√		
物流设施			√	√√
海关	√√√	√√	√	
边境管理整合	√	√√√	√√√	√

续　表

LPI 构成要素	最底部五分区	第三和第四个五分区	第二个五分区	最顶部五分区
服务改革	√√	√√√	√√√	
区域性便利与贸易走廊	√√√	√√	√√	
全国数据工具	√	√	√√√	√√√
绿色物流			√√	√√√

注：√√√表示非常重要，√√表示比较重要，√表示重要；

ICT 表示信息与通信技术。

资料来源：由本书作者提供。

参考文献

Arvis, Jean – François, Ben Shepherd, Yann Duval, and Chorthip Utoktham. 2013. "TradeCosts and Development: A New Data Set." Economic Premise, January 2013, Issue 104. World Bank, Poverty Reduction and Economic Management Network, Washington, DC.

Arvis, Jean – François, Monica Alina Mustra, John Panzer, Lauri Ojala, and Tapio Naula. 2007. *Connecting to Compete* 2007: *Trade Logistics in the Global Economy*. Washington, DC: World Bank.

Arvis, Jean – François, Monica Alina Mustra, Lauri Ojala, Ben Shepherd, and Daniel Saslavsky. 2010. *Connecting to Compete* 2010: *Trade Logistics in the Global Economy*. Washington, DC: World Bank.

——. 2012. *Connecting to Compete* 2010: *Trade Logistics in the Global Economy*. Washington, DC: World Bank.

Arvis, Jean – François, Gaël Raballand, and Jean – François Marteau. 2010. *The Cost of Being Landlocked*: *Logistics Costs and Supply Chain Reliability*. Washington, DC: World Bank.

Arvis, Jean – François, and Ben Shepherd. 2011. "The Air Connectivity Index: Measuring Integration in the Global Air Transport Network." Policy Research Working Paper 5722, World Bank, Washington, DC.

——. 2013. "Global Connectivity and Export Performance." Economic Premise, March 2013, Issue 111. World Bank, Poverty Reduction and Economic Management Network, Washington, DC.

Arvis, Jean – François, Graham Smith, Robin Carruthers, and Christopher Willoughby. 2011. *Connecting Landlocked Developing Countries to Markets: Trade Corridors in the 21st Century*. Washington, DC: World Bank.

Hoffmann, Jan, and Lauri Ojala. 2010. "Transport Newsletter No. 46, Second Quarter 2010." United Nations Conference on Trade and Development, Trade Logistics Branch, Division on Technology and Logistics, Geneva. http://unctad.org/en/docs/webdtltlb20103_en.pdf. Accessed January 2014.

Kallas, Siim. 2012. "Using Freight to Help European Transport Move toa Sustainable Future." Speech presented at the launch of the Green Freight Europe Initiative, Brussels, March 27. http://europa.eu/rapid/pressReleasesAction.do? reference = SPEECH/12/230 & format = HTML. Accessed March 2012.

Langley, John Jr., and Capgemini Consulting. 2014. 2014 *Third – Party Logistics Study: The State of Logistics Outsourcing*. Capgemini Consulting. www.capgemini.com/resource – file – access/resource/pdf/3pl_study_report_web_version.pdf.

McLinden, Gerard, Enrique Fanta, David Widdowson, and Tom Doyle, eds. 2011. *Border Management Modernization*. Washington, DC: World Bank.

Murphy, Paul R., James. M. Daley, and Douglas R. Dalenberg. 1993. "Doing Business in Global Markets: Perspectives of International Freight Forwarders." *Journal of Global Marketing* 6 (4): 53 – 68.

Ojala, Lauri, and Cezar Queiroz, eds. 2000. "Transport Sector-Restructuring in the Baltic States: Proceedings of a Ministerial Seminar Held in Riga." Turku School of Economics and Business Administration, Finland, November 16 – 17.

——. 2004. "Transport Sector Restructuring in the Baltic Statestowards EU Accession." Proceedings of the 2nd Seminar held in Parnu, November 24 – 25, 2003. World Bank, Washington, DC.

Pasadilla, Gloria O., and Christopher Findlay. 2014. "APEC, Services, and Supply Chains: Taking Stock of Services – Related Activities in APEC." Policy Brief 9, January 29, 2014. APEC Policy Support Unit, Singapore. http://publications.apec.org/publication – detail.php? pub_id = 1506.

Raballand, Gaël, Jean – François Marteau, Charles Kunaka, Jean – Kizito Kabanguka, and Olivier Hartmann. 2008. "Lessons of Corridor Performance Measurement." Sub – Saharan Africa Transport Policy Program, Discussion Paper 7, Regional Integration and Transport – RIT Series. Washington, DC. www4.worldbank.org/afr/ssatp/Resources/SSATP – DiscussionPapers/DP07.pdf.

Raven, John. 2001. *Trade and Transport Facilitation: A Toolkit for Audit, Analysis, and Remedial Action.* Washington, DC: World Bank.

Reis, Jose G., and Tom Farole. 2012. *Trade Competitiveness Diagnostic Toolkit.* Washington, DC: World Bank.

Saslavsky, Daniel, and Ben Shepherd. 2013. "Facilitating International Production Networks: The Role of Trade Logistics." *The Journal of International Trade & Economic Development: An International and Comparative Review*. doi: 10. 1080/09638199. 2013. 811534.

Shepherd, Ben. 2013. *Aid for Trade and Value Chains in Transportand Logistics*. Geneva and Paris: World Trade Organization and Organisation for Economic Co – operation and Development.

UNCTAD (United Nations Conference on Trade and Development). 2003. "Almaty Declaration." International Ministerial Conference of Landlocked and Transit Developing Countries and Donor Countriesand International Financial and Development Institutions on Transit Transport Cooperation, Almaty, Kazakhstan, August 28 – 29. http://unctad.org/en/docs/aconf202l2_en. pdf.

World Bank. 2013. *Improving Trade and Transport for Landlocked Developing Countries*. World Bank Contributions to Implementingthe Almaty Programme of Action—A Report Preparing the Ten – Year Comprehensive Review. Washington, DC.

World Economic Forum. 2013. *Enabling Trade: Valuing Growth Opportunities*. Geneva. www3. weforum. org/docs/WEF_SCT_EnablingTrade_Report_2013. pdf.

Estonian logistics survey: Kiisler, Ain, and Tomi Solakivi. 2014. Logistika osakaal Eesti (Estonian Logistics Survey). January 2014. Balti Logistika, Tallinn.

Finnish logistics survey: Solakivi, Tomi; Lauri Ojala, Harri Lorentz, Sini Laari, and Juuso Töyli. 2012. *Finland State of Logistics* 2012. Helsinki: Ministry of Transport and Communications. www. lvm. fi/

web/en/publication/ –/view/4136894.

Greek logistics survey：World Bank. 2014. “Greek Logistics Survey.” Unpublished. Washington，DC.

附录1　国际 LPI 结果

经济体	LPI 排名			LPI 评分			最佳绩效国家（地区）的百分比（%）	海关		基础设施		国际货运		物流质量与竞争力		追踪与追溯		及时性	
	排名	上限	下限	评分	上限	下限		排名	评分	排名	评分	排名	评分	排名	评分	排名	评分	排名	评分
德国	1	1	1	4.12	4.07	4.17	100.0	2	4.10	1	4.32	4	3.74	3	4.12	1	4.17	4	4.36
荷兰	2	2	5	4.05	3.97	4.12	97.6	4	3.96	3	4.23	11	3.64	2	4.13	6	4.07	6	4.34
比利时	3	1	6	4.04	3.96	4.13	97.5	11	3.80	8	4.10	2	3.80	4	4.11	4	4.11	2	4.39
英国	4	2	5	4.01	3.96	4.07	96.6	5	3.94	6	4.16	12	3.63	5	4.03	5	4.08	7	4.33
新加坡	5	2	7	4.00	3.95	4.06	96.2	3	4.01	2	4.28	6	3.70	8	3.97	11	3.90	9	4.25
瑞典	6	1	20	3.96	3.68	4.24	94.9	15	3.75	9	4.09	3	3.76	6	3.98	7	3.98	8	4.26
挪威	7	1	19	3.96	3.69	4.22	94.8	1	4.21	4	4.19	30	3.42	1	4.19	31	3.50	5	4.36
卢森堡	8	1	21	3.95	3.65	4.24	94.4	10	3.82	15	3.91	1	3.82	14	3.78	22	3.68	1	4.71
美国	9	6	10	3.92	3.87	3.97	93.5	16	3.73	5	4.18	26	3.45	7	3.97	2	4.14	14	4.14
日本	10	6	12	3.91	3.85	3.97	93.4	14	3.78	7	4.16	19	3.52	11	3.93	9	3.95	10	4.24
爱尔兰	11	5	17	3.87	3.73	4.01	91.9	12	3.80	16	3.84	27	3.44	9	3.94	3	4.13	16	4.13
加拿大	12	9	17	3.86	3.77	3.95	91.5	20	3.61	10	4.05	23	3.46	10	3.94	8	3.97	11	4.18

续 表

经济体	LPI 排名			LPI 评分			最佳绩效国家（地区）的百分比（%）	海关		基础设施		国际货运		物流质量与竞争力		追踪与追溯		及时性	
	排名	上限	下限	评分	上限	下限		排名	评分	排名	评分	排名	评分	排名	评分	排名	评分	排名	评分
法国	13	9	17	3.85	3.77	3.92	91.2	18	3.65	13	3.98	7	3.68	15	3.75	12	3.89	13	4.17
瑞士	14	11	17	3.84	3.78	3.91	91.1	7	3.92	11	4.04	15	3.58	16	3.75	18	3.79	21	4.06
中国香港	15	11	17	3.83	3.77	3.89	90.5	17	3.72	14	3.97	14	3.58	13	3.81	13	3.87	18	4.06
澳大利亚	16	11	17	3.81	3.74	3.88	90.0	9	3.85	12	4.00	18	3.52	17	3.75	16	3.81	26	4.00
丹麦	17	2	28	3.78	3.52	4.05	89.1	13	3.79	17	3.82	9	3.65	18	3.74	36	3.36	3	4.39
西班牙	18	17	23	3.72	3.63	3.80	87.1	19	3.63	20	3.77	21	3.51	12	3.83	26	3.54	17	4.07
中国台湾	19	16	23	3.72	3.62	3.81	87.0	21	3.55	24	3.64	5	3.71	25	3.60	17	3.79	25	4.02
意大利	20	18	23	3.69	3.64	3.74	86.2	29	3.36	19	3.78	17	3.54	23	3.62	14	3.84	22	4.05
韩国	21	18	25	3.67	3.58	3.75	85.4	24	3.47	18	3.79	28	3.44	21	3.66	21	3.69	28	4.00
奥地利	22	11	35	3.65	3.41	3.89	84.8	23	3.53	25	3.64	40	3.26	26	3.56	10	3.93	23	4.04
新西兰	23	5	39	3.64	3.28	4.01	84.7	6	3.92	22	3.67	8	3.67	27	3.56	38	3.33	40	3.72
芬兰	24	9	39	3.62	3.32	3.93	84.0	8	3.89	28	3.52	20	3.52	19	3.72	39	3.31	38	3.80
马来西亚	25	22	28	3.59	3.52	3.66	83.0	27	3.37	26	3.56	10	3.64	32	3.47	23	3.58	31	3.92
葡萄牙	26	18	39	3.56	3.34	3.78	82.0	31	3.26	31	3.37	29	3.43	20	3.71	20	3.71	35	3.87

续 表

经济体	LPI 排名			LPI 评分			最佳绩效国家（地区）的百分比（%）	海关		基础设施		国际货运		物流质量与竞争力		追踪与追溯		及时性	
	排名	上限	下限	评分	上限	下限		排名	评分	排名	评分	排名	评分	排名	评分	排名	评分	排名	评分
阿拉伯联合酋长国	27	25	32	3.54	3.48	3.60	81.3	25	3.42	21	3.70	43	3.20	31	3.50	24	3.57	32	3.92
中国	28	26	32	3.53	3.48	3.59	81.1	38	3.21	23	3.67	22	3.50	35	3.46	29	3.50	36	3.87
卡塔尔	29	20	39	3.52	3.34	3.70	80.6	37	3.21	29	3.44	16	3.55	28	3.55	32	3.47	34	3.87
土耳其	30	26	35	3.50	3.43	3.57	80.1	34	3.23	27	3.53	48	3.18	22	3.64	19	3.77	41	3.68
波兰	31	24	38	3.49	3.35	3.64	79.9	32	3.26	46	3.08	24	3.46	33	3.47	27	3.54	15	4.13
捷克	32	21	39	3.49	3.31	3.67	79.8	33	3.24	36	3.29	13	3.59	29	3.51	25	3.56	39	3.73
匈牙利	33	25	39	3.46	3.32	3.61	78.9	48	2.97	40	3.18	32	3.40	37	3.33	15	3.82	20	4.06
南非	34	24	43	3.43	3.23	3.64	77.9	42	3.11	38	3.20	25	3.45	24	3.62	41	3.30	33	3.88
泰国	35	29	39	3.43	3.33	3.53	77.8	36	3.21	30	3.40	39	3.30	38	3.29	33	3.45	29	3.96
拉脱维亚	36	25	44	3.40	3.20	3.61	77.0	35	3.22	51	3.03	33	3.38	42	3.21	30	3.50	19	4.06
冰岛	37	22	49	3.39	3.13	3.65	76.6	22	3.54	33	3.34	49	3.15	34	3.46	35	3.38	53	3.51
斯洛文尼亚	38	26	43	3.38	3.20	3.56	76.3	41	3.11	32	3.35	57	3.05	30	3.51	28	3.51	37	3.82
爱沙尼亚	39	20	58	3.35	3.00	3.69	75.1	26	3.40	35	3.34	34	3.34	39	3.27	47	3.20	49	3.55
罗马尼亚	40	34	54	3.26	3.08	3.44	72.4	59	2.83	64	2.77	36	3.32	43	3.20	34	3.39	27	4.00

续 表

经济体	LPI 排名			LPI 评分			最佳绩效国家（地区）的百分比（%）	海关		基础设施		国际货运		物流质量与竞争力		追踪与追溯		及时性	
	排名	上限	下限	评分	上限	下限		排名	评分	排名	评分	排名	评分	排名	评分	排名	评分	排名	评分
以色列	41	36	50	3.26	3.11	3.41	72.4	43	3.10	45	3.11	96	2.71	36	3.35	46	3.20	12	4.18
智利	42	38	50	3.26	3.12	3.39	72.3	39	3.17	41	3.17	53	3.12	44	3.19	40	3.30	44	3.59
斯洛伐克	43	33	55	3.25	3.03	3.48	72.2	52	2.89	37	3.22	38	3.30	46	3.16	63	3.02	30	3.94
希腊	44	40	52	3.20	3.08	3.32	70.5	28	3.36	42	3.17	62	2.97	40	3.23	61	3.03	54	3.50
巴拿马	45	38	57	3.19	3.00	3.38	70.3	40	3.15	52	3.00	47	3.18	68	2.87	37	3.34	42	3.63
立陶宛	46	33	66	3.18	2.88	3.47	69.8	44	3.04	39	3.18	55	3.10	57	2.99	49	3.17	43	3.60
保加利亚	47	40	57	3.16	3.00	3.31	69.1	64	2.75	53	2.94	37	3.31	55	3.00	76	2.88	24	4.04
越南	48	40	59	3.15	2.99	3.32	69.0	61	2.81	44	3.11	42	3.22	49	3.09	48	3.19	56	3.49
沙特阿拉伯	49	45	51	3.15	3.10	3.20	68.8	56	2.86	34	3.34	70	2.93	48	3.11	54	3.15	47	3.55
墨西哥	50	44	55	3.13	3.03	3.23	68.2	70	2.69	50	3.04	46	3.19	47	3.12	55	3.14	46	3.57
马耳他	51	39	69	3.11	2.85	3.36	67.5	46	3.00	47	3.08	41	3.23	54	3.00	52	3.15	81	3.15
巴林岛	52	20	124	3.08	2.45	3.71	66.7	30	3.29	49	3.04	58	3.04	51	3.04	42	3.29	119	2.80
印度尼西亚	53	40	66	3.08	2.89	3.27	66.7	55	2.87	56	2.92	74	2.87	41	3.21	58	3.11	50	3.53
印度	54	49	56	3.08	3.01	3.15	66.6	65	2.72	58	2.88	44	3.20	52	3.03	57	3.11	51	3.51

续 表

经济体	LPI 排名			LPI 评分			最佳绩效国家（地区）的百分比（%）	海关		基础设施		国际货运		物流质量与竞争力		追踪与追溯		及时性	
	排名	上限	下限	评分	上限	下限		排名	评分	排名	评分	排名	评分	排名	评分	排名	评分	排名	评分
克罗地亚	55	40	76	3.05	2.80	3.30	65.8	50	2.95	55	2.92	61	2.98	56	3.00	59	3.11	62	3.37
科威特	56	44	77	3.01	2.79	3.23	64.4	68	2.69	43	3.16	89	2.76	59	2.96	50	3.16	60	3.39
菲律宾	57	44	78	3.00	2.78	3.23	64.2	47	3.00	75	2.60	35	3.33	61	2.93	64	3.00	90	3.07
塞浦路斯	58	40	92	3.00	2.67	3.33	64.1	53	2.88	59	2.87	60	3.01	63	2.92	65	3.00	65	3.31
阿曼	59	50	69	3.00	2.85	3.14	63.9	74	2.63	57	2.88	31	3.41	73	2.84	80	2.84	67	3.29
阿根廷	60	52	68	2.99	2.87	3.10	63.6	85	2.55	63	2.83	64	2.96	62	2.93	53	3.15	55	3.49
乌克兰	61	51	71	2.98	2.84	3.11	63.3	69	2.69	71	2.65	67	2.95	72	2.84	45	3.20	52	3.51
阿拉伯埃及共和国	62	40	99	2.97	2.63	3.30	63.0	57	2.85	60	2.86	77	2.87	58	2.99	43	3.23	99	2.99
塞尔维亚	63	47	80	2.96	2.75	3.17	62.9	113	2.37	66	2.73	54	3.12	53	3.02	69	2.94	48	3.55
萨尔瓦多	64	51	74	2.96	2.81	3.11	62.8	51	2.93	72	2.63	45	3.20	45	3.16	66	3.00	128	2.75
巴西	65	56	70	2.94	2.84	3.05	62.3	94	2.48	54	2.93	81	2.80	50	3.05	62	3.03	61	3.39
巴哈马群岛	66	51	86	2.91	2.70	3.12	61.2	45	3.00	65	2.74	63	2.96	64	2.92	99	2.64	72	3.19
黑山共和国	67	47	104	2.88	2.59	3.16	60.1	60	2.83	62	2.84	51	3.15	117	2.45	84	2.76	73	3.19

续 表

经济体	LPI 排名			LPI 评分			最佳绩效国家（地区）的百分比（%）	海关		基础设施		国际货运		物流质量与竞争力		追踪与追溯		及时性	
	排名	上限	下限	评分	上限	下限		排名	评分	排名	评分	排名	评分	排名	评分	排名	评分	排名	评分
约旦	68	56	86	2.87	2.70	3.05	60.0	78	2.60	76	2.59	65	2.96	60	2.94	96	2.67	58	3.46
多米尼加共和国	69	51	102	2.86	2.61	3.11	59.6	80	2.58	73	2.61	71	2.93	65	2.91	72	2.91	76	3.18
牙买加	70	44	125	2.84	2.45	3.24	59.0	54	2.88	61	2.84	86	2.79	84	2.72	89	2.72	83	3.14
秘鲁	71	60	90	2.84	2.69	2.99	59.0	96	2.47	67	2.72	69	2.94	76	2.78	83	2.81	66	3.30
巴基斯坦	72	55	106	2.83	2.59	3.06	58.5	58	2.84	69	2.67	56	3.08	75	2.79	86	2.73	123	2.79
马拉维	73	56	104	2.81	2.59	3.03	58.1	62	2.79	48	3.04	108	2.63	70	2.86	100	2.63	100	2.99
肯尼亚	74	50	120	2.81	2.48	3.14	58.0	151	1.96	102	2.40	50	3.15	90	2.65	60	3.03	45	3.58
尼日利亚	75	59	100	2.81	2.62	3.00	57.9	117	2.35	83	2.56	107	2.63	85	2.70	51	3.16	57	3.46
委内瑞拉	76	60	99	2.81	2.63	2.99	57.9	109	2.39	74	2.61	68	2.94	77	2.76	70	2.92	74	3.18
危地马拉	77	66	92	2.80	2.66	2.93	57.6	63	2.75	88	2.54	76	2.87	87	2.68	93	2.68	68	3.24
巴拉圭	78	66	96	2.78	2.64	2.92	57.0	90	2.49	97	2.46	79	2.83	78	2.76	74	2.89	70	3.22
科特迪瓦	79	60	112	2.76	2.53	2.99	56.4	120	2.33	101	2.41	75	2.87	95	2.62	67	2.97	64	3.31
卢旺达	80	56	120	2.76	2.49	3.03	56.3	89	2.50	113	2.32	88	2.78	92	2.64	68	2.94	63	3.34
波斯尼亚和黑塞哥维那	81	62	114	2.75	2.52	2.97	56.0	105	2.41	84	2.55	87	2.78	81	2.73	107	2.55	59	3.44

续 表

经济体	LPI排名			LPI评分			最佳绩效国家（地区）的百分比（%）	海关		基础设施		国际货运		物流质量与竞争力		追踪与追溯		及时性	
	排名	上限	下限	评分	上限	下限		排名	评分	排名	评分	排名	评分	排名	评分	排名	评分	排名	评分
马尔代夫	82	56	124	2.75	2.45	3.04	56.0	49	2.95	82	2.56	72	2.92	74	2.79	92	2.70	148	2.51
柬埔寨	83	56	125	2.74	2.44	3.04	55.8	71	2.67	79	2.58	78	2.83	89	2.67	71	2.92	129	2.75
圣多美和普林西比	84	56	124	2.73	2.46	3.01	55.5	103	2.42	78	2.59	66	2.95	109	2.50	56	3.13	125	2.77
黎巴嫩	85	52	135	2.73	2.36	3.10	55.3	124	2.29	89	2.53	118	2.53	67	2.89	44	3.22	108	2.89
厄瓜多尔	86	67	112	2.71	2.53	2.89	54.8	92	2.49	94	2.50	83	2.79	97	2.61	95	2.67	77	3.18
哥斯达黎加	87	69	112	2.70	2.53	2.87	54.5	110	2.39	99	2.43	106	2.63	69	2.86	82	2.83	95	3.04
哈萨克斯坦	88	66	121	2.70	2.47	2.93	54.4	121	2.33	106	2.38	100	2.68	83	2.72	81	2.83	69	3.24
斯里兰卡	89	67	120	2.70	2.48	2.91	54.3	84	2.56	126	2.23	115	2.56	66	2.91	85	2.76	85	3.12
俄罗斯联邦	90	78	103	2.69	2.60	2.79	54.3	133	2.20	77	2.59	102	2.64	80	2.74	79	2.85	84	3.14
乌拉圭	91	70	115	2.68	2.51	2.85	53.8	111	2.39	90	2.51	103	2.64	100	2.58	75	2.89	91	3.06
亚美尼亚	92	60	136	2.67	2.35	2.99	53.6	75	2.63	107	2.38	90	2.75	79	2.75	114	2.50	98	3.00
纳米比亚	93	64	136	2.66	2.35	2.96	53.1	125	2.27	81	2.57	97	2.70	86	2.69	106	2.56	82	3.15
摩尔多瓦	94	67	127	2.65	2.42	2.89	53.0	98	2.46	85	2.55	52	3.14	118	2.44	131	2.35	109	2.89

续 表

经济体	LPI 排名			LPI 评分			最佳绩效国家（地区）的百分比（%）	海关		基础设施		国际货运		物流质量与竞争力		追踪与追溯		及时性	
	排名	上限	下限	评分	上限	下限		排名	评分	排名	评分	排名	评分	排名	评分	排名	评分	排名	评分
尼加拉瓜	95	67	127	2.65	2.42	2.88	53.0	72	2.66	130	2.20	98	2.69	98	2.58	104	2.58	79	3.17
阿尔及利亚	96	67	127	2.65	2.40	2.90	52.8	66	2.71	87	2.54	117	2.54	102	2.54	109	2.54	94	3.04
哥伦比亚	97	72	125	2.64	2.45	2.83	52.5	79	2.59	98	2.44	95	2.72	91	2.64	108	2.55	111	2.87
布基纳法索	98	60	143	2.64	2.29	2.99	52.5	88	2.50	111	2.35	105	2.63	94	2.63	115	2.49	71	3.21
白俄罗斯	99	70	127	2.64	2.42	2.85	52.5	87	2.50	86	2.55	91	2.74	116	2.46	113	2.51	93	3.05
加纳	100	66	138	2.63	2.33	2.93	52.1	130	2.22	70	2.67	93	2.73	121	2.37	73	2.90	113	2.86
塞内加尔	101	58	146	2.62	2.24	3.00	52.0	76	2.61	116	2.30	59	3.03	103	2.53	98	2.65	146	2.53
利比里亚	102	67	134	2.62	2.36	2.88	51.9	83	2.57	80	2.57	114	2.57	71	2.86	105	2.57	144	2.57
洪都拉斯	103	78	127	2.61	2.42	2.79	51.5	67	2.70	124	2.24	85	2.79	112	2.47	101	2.61	121	2.79
埃塞俄比亚	104	49	158	2.59	2.04	3.15	51.0	102	2.42	134	2.17	121	2.50	96	2.62	97	2.67	78	3.17
尼泊尔	105	77	132	2.59	2.38	2.80	50.9	123	2.31	122	2.26	104	2.64	107	2.50	87	2.72	92	3.06
所罗门群岛	106	72	137	2.59	2.34	2.84	50.8	91	2.49	96	2.46	146	2.22	82	2.72	88	2.72	102	2.96
布隆迪	107	61	154	2.57	2.15	2.99	50.2	77	2.60	104	2.40	111	2.60	106	2.51	112	2.51	126	2.76
孟加拉国	108	81	133	2.56	2.37	2.76	50.1	138	2.09	138	2.11	80	2.82	93	2.64	122	2.45	75	3.18

续 表

经济体	LPI 排名			LPI 评分			最佳绩效国家（地区）的百分比（%）	海关		基础设施		国际货运		物流质量与竞争力		追踪与追溯		及时性	
	排名	上限	下限	评分	上限	下限		排名	评分	排名	评分	排名	评分	排名	评分	排名	评分	排名	评分
贝宁	109	64	153	2. 56	2. 16	2. 96	50. 0	73	2. 64	109	2. 35	99	2. 69	123	2. 35	123	2. 45	115	2. 85
突尼斯	110	72	144	2. 55	2. 27	2. 83	49. 7	146	2. 02	118	2. 30	73	2. 91	120	2. 42	124	2. 42	80	3. 16
斐济	111	52	158	2. 55	1. 99	3. 10	49. 5	106	2. 40	95	2. 47	94	2. 72	139	2. 22	118	2. 47	101	2. 97
安哥拉	112	77	143	2. 54	2. 29	2. 80	49. 4	114	2. 37	140	2. 11	84	2. 79	128	2. 31	103	2. 59	96	3. 02
乍得	113	66	154	2. 53	2. 14	2. 92	49. 0	97	2. 46	112	2. 33	136	2. 33	125	2. 34	90	2. 71	97	3. 02
塔吉克斯坦	114	85	138	2. 53	2. 32	2. 73	48. 9	115	2. 35	108	2. 36	92	2. 73	113	2. 47	119	2. 47	133	2. 74
毛里求斯	115	73	148	2. 51	2. 22	2. 81	48. 5	128	2. 25	91	2. 50	109	2. 63	110	2. 48	133	2. 34	110	2. 88
格鲁吉亚	116	91	138	2. 51	2. 33	2. 69	48. 3	131	2. 21	100	2. 42	138	2. 32	119	2. 44	102	2. 59	87	3. 09
马其顿	117	86	143	2. 50	2. 28	2. 71	48. 0	116	2. 35	92	2. 50	132	2. 38	105	2. 51	121	2. 46	118	2. 81
利比亚	118	86	143	2. 50	2. 28	2. 72	47. 9	104	2. 41	119	2. 29	140	2. 29	131	2. 29	78	2. 85	114	2. 85
马里	119	79	148	2. 50	2. 22	2. 77	47. 9	141	2. 08	129	2. 20	82	2. 80	142	2. 20	91	2. 70	106	2. 90
博茨瓦纳	120	70	154	2. 49	2. 14	2. 84	47. 8	112	2. 38	125	2. 23	129	2. 42	99	2. 58	127	2. 40	103	2. 94
玻利维亚	121	78	152	2. 48	2. 16	2. 80	47. 4	108	2. 40	133	2. 17	135	2. 35	88	2. 68	94	2. 68	141	2. 60
几内亚	122	91	146	2. 46	2. 24	2. 69	46. 9	119	2. 34	141	2. 10	125	2. 47	124	2. 35	126	2. 41	86	3. 10

续 表

经济体	LPI 排名			LPI 评分			最佳绩效国家（地区）的百分比（%）	海关		基础设施		国际货运		物流质量与竞争力		追踪与追溯		及时性	
	排名	上限	下限	评分	上限	下限		排名	评分	排名	评分	排名	评分	排名	评分	排名	评分	排名	评分
赞比亚	123	73	154	2.46	2.10	2.82	46.9	86	2.54	115	2.31	152	2.13	114	2.47	120	2.47	105	2.91
圭亚那	124	93	144	2.46	2.26	2.66	46.7	99	2.46	105	2.40	128	2.43	133	2.27	117	2.47	131	2.74
阿塞拜疆	125	81	154	2.45	2.15	2.75	46.4	82	2.57	68	2.71	113	2.57	149	2.14	148	2.14	143	2.57
巴布亚新几内亚	126	86	154	2.43	2.15	2.71	45.8	107	2.40	127	2.23	126	2.47	115	2.47	141	2.27	135	2.73
几内亚比绍	127	77	158	2.43	2.05	2.81	45.7	101	2.43	121	2.29	141	2.29	101	2.57	139	2.29	136	2.71
科摩罗	128	96	153	2.40	2.15	2.65	44.9	81	2.58	117	2.30	119	2.51	134	2.26	128	2.37	154	2.37
乌兹别克斯坦	129	94	154	2.39	2.13	2.66	44.7	157	1.80	148	2.01	145	2.23	122	2.37	77	2.87	88	3.08
尼日尔	130	89	155	2.39	2.09	2.70	44.6	93	2.49	143	2.08	130	2.38	132	2.28	129	2.36	127	2.76
老挝	131	92	154	2.39	2.10	2.68	44.5	100	2.45	128	2.21	120	2.50	129	2.31	146	2.20	137	2.65
马达加斯加	132	98	154	2.38	2.13	2.64	44.3	144	2.06	136	2.15	133	2.38	127	2.33	138	2.29	89	3.07
莱索托	133	87	158	2.37	2.04	2.71	44.0	129	2.22	110	2.35	122	2.48	137	2.23	132	2.35	139	2.60
中非共和国	134	72	158	2.36	1.89	2.84	43.6	95	2.47	93	2.50	149	2.16	130	2.31	137	2.31	150	2.47
蒙古	135	102	155	2.36	2.09	2.62	43.4	132	2.20	120	2.29	110	2.62	126	2.33	149	2.13	147	2.51
赤道几内亚	136	85	158	2.35	1.98	2.73	43.4	118	2.35	139	2.11	153	2.11	143	2.20	110	2.53	112	2.86

续 表

经济体	LPI 排名			LPI 评分			最佳绩效国家（地区）的百分比（%）	海关		基础设施		国际货运		物流质量与竞争力		追踪与追溯		及时性	
	排名	上限	下限	评分	上限	下限		排名	评分	排名	评分	排名	评分	排名	评分	排名	评分	排名	评分
津巴布韦	137	87	158	2.34	1.98	2.70	42.9	154	1.89	123	2.25	143	2.25	108	2.50	143	2.22	104	2.93
坦桑尼亚	138	108	154	2.33	2.10	2.56	42.6	135	2.19	114	2.32	137	2.32	145	2.18	150	2.11	107	2.89
多哥	139	105	158	2.32	2.04	2.59	42.2	139	2.09	145	2.07	124	2.47	150	2.14	116	2.49	140	2.60
土库曼斯坦	140	107	158	2.30	2.04	2.57	41.8	122	2.31	146	2.06	116	2.56	155	2.07	134	2.32	153	2.45
伊拉克	141	111	158	2.30	2.05	2.55	41.6	149	1.98	131	2.18	139	2.31	147	2.15	136	2.31	116	2.85
喀麦隆	142	110	158	2.30	2.04	2.55	41.5	156	1.86	154	1.85	147	2.20	104	2.52	111	2.52	120	2.80
不丹	143	104	158	2.29	1.99	2.59	41.3	140	2.09	132	2.18	131	2.38	111	2.48	140	2.28	158	2.28
海地	144	124	156	2.27	2.08	2.46	40.7	127	2.25	151	2.00	142	2.27	148	2.14	135	2.32	138	2.63
缅甸	145	122	158	2.25	2.02	2.48	40.0	150	1.97	137	2.14	151	2.14	156	2.07	130	2.36	117	2.83
冈比亚	146	122	158	2.25	2.03	2.47	40.0	143	2.06	149	2.00	101	2.67	138	2.22	154	2.00	151	2.46
莫桑比克	147	103	159	2.23	1.85	2.61	39.4	126	2.26	135	2.15	154	2.08	153	2.10	152	2.08	134	2.74
毛里塔尼亚	148	104	159	2.23	1.86	2.60	39.4	152	1.93	103	2.40	155	2.07	157	2.06	142	2.23	130	2.75
吉尔吉斯共和国	149	122	158	2.21	1.95	2.47	38.7	145	2.03	147	2.05	127	2.43	151	2.13	145	2.20	155	2.36
加蓬	150	125	158	2.20	1.95	2.45	38.5	148	2.00	142	2.08	112	2.58	135	2.25	157	1.92	157	2.31

续　表

经济体	LPI 排名			LPI 评分			最佳绩效国家（地区）的百分比（%）	海关		基础设施		国际货运		物流质量与竞争力		追踪与追溯		及时性	
	排名	上限	下限	评分	上限	下限		排名	评分	排名	评分	排名	评分	排名	评分	排名	评分	排名	评分
也门	151	91	160	2.18	1.67	2.69	37.9	159	1.63	153	1.87	134	2.35	141	2.21	144	2.21	124	2.78
古巴	152	126	158	2.18	1.91	2.45	37.8	136	2.17	155	1.84	123	2.47	154	2.08	156	1.99	152	2.45
苏丹	153	132	158	2.16	1.93	2.39	37.2	155	1.87	152	1.90	144	2.23	144	2.18	125	2.42	156	2.33
吉布提	154	117	159	2.15	1.80	2.50	36.8	134	2.20	150	2.00	158	1.80	140	2.21	155	2.00	132	2.74
阿拉伯叙利亚共和国	155	134	159	2.09	1.81	2.37	34.9	142	2.07	144	2.08	150	2.15	159	1.82	158	1.90	145	2.53
厄立特里亚	156	132	159	2.08	1.78	2.39	34.7	153	1.90	159	1.68	157	1.90	136	2.23	153	2.01	122	2.79
刚果共和国	157	139	159	2.08	1.83	2.33	34.5	160	1.50	157	1.83	148	2.17	146	2.17	147	2.17	142	2.58
阿富汗	158	153	158	2.07	1.97	2.16	34.3	137	2.16	158	1.82	156	1.99	152	2.12	159	1.85	149	2.48
刚果民主共和国	159	154	160	1.88	1.60	2.15	28.2	158	1.78	156	1.83	160	1.70	158	1.84	151	2.10	159	2.04
索马里	160	149	160	1.77	1.32	2.23	24.8	147	2.00	160	1.50	159	1.75	160	1.75	160	1.75	160	1.88

注：LPI 指数是对物流绩效的多维度评估，范围从 1（最差）~5（最佳）。LPI 调查获得的 6 项核心构成要素由受访者进行打分，范围为 1 ~5，其中 1 表示非常低或非常困难，5 表示非常高或非常容易，但第 15 个问题除外，1 表示几乎没有，5 表示几乎总是。通过对 LPI 评分进行标准化得出相对 LPI 评分：占最高绩效国家百分比 = 100 ×（LPI－1）/（最高 LPI－1），因此最高绩效国家的相对 LPI 评分最高，为 100%。

资料来源：2014 年物流绩效指数。

附录 2　国内 LPI 结果（分地区和收入组）

问题	回答类型	地区						收入组			
		东亚和太平洋地区	欧洲和中亚地区	拉丁美洲和加勒比海地区	中东和北非	南亚	撒哈拉沙漠以南非洲	低收入国家	中等偏低收入国家	中等偏高收入国家	高收入国家
第 17 问：费用和收费水平											
港口收费	高或非常高	56	35	68	39	51	70	68	62	47	52
	低或非常低	9	16	3	14	12	6	19	4	7	6
航空收费	高或非常高	50	38	44	32	26	51	36	45	44	43
	低或非常低	14	4	12	15	15	8	14	10	9	13
公路运输费用	高或非常高	49	23	59	25	47	68	65	46	43	37
	低或非常低	12	16	16	16	14	6	9	10	16	15
铁路运输费用	高或非常高	22	43	15	9	33	46	51	28	25	37
	低或非常低	27	19	42	36	43	21	20	33	30	12
仓储和转运费用	高或非常高	29	16	49	26	32	49	31	40	35	41
	低或非常低	25	25	9	8	26	1	5	14	16	17

续 表

问题	回答类型	地区						收入组			
		东亚和太平洋地区	欧洲和中亚地区	拉丁美洲和加勒比海地区	中东和北非	南亚	撒哈拉沙漠以南非洲	低收入国家	中等偏低收入国家	中等偏高收入国家	高收入国家
代理费用	高或非常高	9	17	22	8	10	28	11	17	22	29
	低或非常低	35	35	7	26	41	23	27	24	25	23
第18问：基础设施质量											
港口	低或非常低	44	49	52	53	21	33	38	48	41	23
	高或非常高	24	10	20	33	28	23	15	18	26	53
机场	低或非常低	34	36	30	51	34	38	32	49	30	10
	高或非常高	29	27	20	18	28	20	22	17	27	56
公路	低或非常低	46	56	72	49	32	53	59	57	51	16
	高或非常高	16	10	7	11	27	19	15	4	21	46
铁路	低或非常低	60	64	82	86	57	89	86	76	72	32
	高或非常高	6	4	1	7	7	3	2	5	5	27
仓储与转运设施	低或非常低	48	39	27	20	33	44	59	51	17	10
	高或非常高	20	22	7	17	24	22	10	12	26	61

续　表

问题	回答类型	地区						收入组			
		东亚和太平洋地区	欧洲和中亚地区	拉丁美洲和加勒比海地区	中东和北非	南亚	撒哈拉沙漠以南非洲	低收入国家	中等偏低收入国家	中等偏高收入国家	高收入国家
电信和信息技术	低或非常低	11	16	23	9	6	23	25	18	14	7
	高或非常高	23	32	24	36	58	34	23	27	39	77
第 19 问：服务质量与竞争力											
公路	低或非常低	29	41	25	31	36	29	30	38	27	9
	高或非常高	20	24	9	22	26	15	13	10	25	62
铁路	低或非常低	63	47	82	60	54	77	75	66	63	32
	高或非常高	11	9	1	6	10	5	6	9	4	31
空运	低或非常低	10	14	13	16	9	12	13	14	11	5
	高或非常高	29	31	32	48	37	31	24	26	42	63
海运	低或非常低	7	17	11	6	19	10	18	7	12	5
	高或非常高	33	32	27	46	51	42	30	31	44	61
仓储、转运与配送	低或非常低	25	28	22	26	37	28	40	28	20	7
	高或非常高	29	36	26	29	25	31	16	21	42	63

续 表

问题	回答类型	地区						收入组			
		东亚和太平洋地区	欧洲和中亚地区	拉丁美洲和加勒比海地区	中东和北非	南亚	撒哈拉沙漠以南非洲	低收入国家	中等偏低收入国家	中等偏高收入国家	高收入国家
货运代理人	低或非常低	5	9	11	14	1	1	4	2	11	1
	高或非常高	51	38	46	47	57	36	32	36	53	64
海关机构	低或非常低	18	20	28	31	8	32	25	29	23	16
	高或非常高	29	32	14	32	23	30	20	23	32	61
质量标准监察机构	低或非常低	43	35	50	26	33	34	55	47	25	15
	高或非常高	16	29	8	34	22	27	15	21	26	47
健康/卫生与动植物检疫机构	低或非常低	52	36	55	40	37	44	49	53	37	25
	高或非常高	21	24	6	25	17	18	13	17	20	42
报关经济人	低或非常低	19	8	22	31	32	14	18	22	16	8
	高或非常高	29	52	22	37	35	37	34	31	39	65
贸易与运输协会	低或非常低	21	39	34	51	26	35	32	34	37	17
	高或非常高	25	23	12	19	26	30	21	21	25	51
收货人与托运商	低或非常低	23	19	11	28	9	8	17	11	17	11
	高或非常高	22	32	14	18	47	30	17	26	30	42

续　表

问题	回答类型	地区						收入组			
		东亚和太平洋地区	欧洲和中亚地区	拉丁美洲和加勒比海地区	中东和北非	南亚	撒哈拉沙漠以南非洲	低收入国家	中等偏低收入国家	中等偏高收入国家	高收入国家
第20问：处理过程效率											
进口商品清关与交付	几乎没有或极少	29	21	21	20	7	22	31	17	19	5
	经常或几乎总是	55	62	37	52	47	47	39	49	54	83
出口商品清关与交付	几乎没有或极少	4	4	12	5	2	18	4	8	13	8
	经常或几乎总是	75	60	63	62	85	64	67	62	68	88
海关清关透明度	几乎没有或极少	53	39	28	20	22	20	32	41	23	11
	经常或几乎总是	30	48	38	31	58	38	28	35	48	80

续 表

问题	回答类型	地区						收入组			
		东亚和太平洋地区	欧洲和中亚地区	拉丁美洲和加勒比海地区	中东和北非	南亚	撒哈拉沙漠以南非洲	低收入国家	中等偏低收入国家	中等偏高收入国家	高收入国家
其他边境机构透明度	几乎没有或极少	51	37	41	4	20	22	38	40	22	11
	经常或几乎总是	28	52	39	26	50	40	24	36	48	77
及时充分提供法规变化的信息	几乎没有或极少	45	38	28	43	34	33	37	35	36	23
	经常或几乎总是	23	32	23	40	35	35	25	27	35	67
对于依从性高的贸易商快速清关	几乎没有或极少	31	35	41	28	7	34	53	23	30	14
	经常或几乎总是	34	49	35	39	38	19	20	37	38	66
第 21 问：主要延误原因											

续 表

问题	回答类型	地区						收入组			
		东亚和太平洋地区	欧洲和中亚地区	拉丁美洲和加勒比海地区	中东和北非	南亚	撒哈拉沙漠以南非洲	低收入国家	中等偏低收入国家	中等偏高收入国家	高收入国家
强制仓储/转运	经常或几乎总是	7	10	33	24	18	39	21	26	24	11
	几乎没有或极少	40	57	26	21	34	32	27	38	38	67
装船前检查	经常或几乎总是	14	10	46	44	33	36	35	23	33	13
	几乎没有或极少	37	79	14	16	27	24	25	34	37	67
海运转船	经常或几乎总是	12	20	39	26	47	40	40	22	33	12
	几乎没有或极少	32	60	17	19	24	26	28	37	28	60
犯罪活动（如偷盗货物）	经常或几乎总是	10	13	36	5	24	10	20	12	19	2
	几乎没有或极少	57	74	43	91	49	61	48	63	66	85

续 表

问题	回答类型	地区						收入组			
		东亚和太平洋地区	欧洲和中亚地区	拉丁美洲和加勒比海地区	中东和北非	南亚	撒哈拉沙漠以南非洲	低收入国家	中等偏低收入国家	中等偏高收入国家	高收入国家
要求非正式支付	经常或几乎总是	25	25	49	12	18	40	38	35	28	7
	几乎没有或极少	38	57	24	28	28	38	35	29	43	77
第22问：2011年以来物流环境变化											
海关清关手续	恶化或严重恶化	11	10	37	20	8	18	18	10	26	12
	改善或大幅改善	55	36	35	26	78	56	50	47	44	60
其他官方清关手续	恶化或严重恶化	6	12	28	42	5	10	3	15	24	15
	改善或大幅改善	57	20	29	24	47	41	37	33	35	38

续 表

问题	回答类型	地区						收入组			
		东亚和太平洋地区	欧洲和中亚地区	拉丁美洲和加勒比海地区	中东和北非	南亚	撒哈拉沙漠以南非洲	低收入国家	中等偏低收入国家	中等偏高收入国家	高收入国家
贸易和运输基础设施	恶化或严重恶化	4	8	28	38	9	9	13	13	18	10
	改善或大幅改善	68	34	36	22	50	50	50	44	40	47
电信与信息技术基础设施	恶化或严重恶化	1	7	12	19	1	3	0	3	12	2
	改善或大幅改善	75	51	63	54	95	72	70	75	60	64
私营物流服务	恶化或严重恶化	0	7	11	2	0	1	0	2	8	1
	改善或大幅改善	83	52	63	56	75	63	65	73	57	65
物流相关法规	恶化或严重恶化	19	23	12	8	9	13	19	7	18	10
	改善或大幅改善	35	23	30	17	56	38	33	39	27	33

续 表

问题	回答类型	地区						收入组			
		东亚和太平洋地区	欧洲和中亚地区	拉丁美洲和加勒比海地区	中东和北非	南亚	撒哈拉沙漠以南非洲	低收入国家	中等偏低收入国家	中等偏高收入国家	高收入国家
要求非正式支付	恶化或严重恶化	12	24	37	25	8	26	25	21	26	4
	改善或大幅改善	38	20	24	19	39	32	25	34	24	41

注：数据基于国家水平进行计算，并按地区和收入组别进行平均。
资料来源：2014 年物流绩效指数。

附录 3　国内 LPI 结果（时间与成本数据）

附表 3.1　　**国内 LPI 结果（问题 23 和问题 25）**

经济体	第 23 问：出口时间和费用						第 25 问：进口时间与成本					
	港口或机场供应链[a]			陆路供应链[b]			港口或机场供应链[c]			陆路供应链[b]		
	距离[d]（千米）	交付周期（天）	成本[e]（美元）	距离（千米）	交付周期（天）	成本[f]（美元）	距离（千米）	交付周期（天）	成本[e]（美元）	距离（千米）	交付周期（天）	成本[f]（美元）
阿尔巴尼亚	—	1	3000	—	2	1732	—	1	750	—	2	2000
阿尔及利亚	75	3	707	—	—	—	—	4	2000	—	—	—
安哥拉	—	5	1500	—	—	—	—	4	1500	—	—	—
阿根廷	—	2	1313	535	4	1842	—	3	1670	792	4	2943
澳大利亚	—	2	1033	—	1	1030	—	2	1006	75	1	806
奥地利	256	2	809	335	1	728	263	2	1024	203	2	515
巴哈马群岛	—	1	2000	—	—	—	—	2	2000	—	—	—
巴林	—	1	5000	—	1	2000	—	1	5000	—	1	2000
孟加拉国	385	2	602	301		463	472	3	806	295	3	788
白俄罗斯	—	—	—	43	1	250	—	—	—	474	5	274
比利时	48	2	269	143	1	326	—	1	393	—	1	979
贝宁	—	6	5000	775	10	4472	—	8	4472	—	11	4472
玻利维亚	750	3	1225	1225	5	2739	750	4	2000	1225	7	2828

续 表

经济体	第23问：出口时间和费用						第25问：进口时间与成本					
	港口或机场供应链[a]			陆路供应链[b]			港口或机场供应链[c]			陆路供应链[b]		
	距离[d]（千米）	交付周期（天）	成本[e]（美元）	距离（千米）	交付周期（天）	成本[f]（美元）	距离（千米）	交付周期（天）	成本[e]（美元）	距离（千米）	交付周期（天）	成本[f]（美元）
波斯尼亚和黑塞哥维那	300	1	1500	1250	3	2000	300	2	500	1250	3	2000
巴西	149	2	866	322	2	1000	—	3	1015	606	3	1191
保加利亚	300	1	600	342	1	508	300	1	600	220	1	454
布隆迪	75	1	250	2000	6	3000	—	—	—	2000	7	5000
柬埔寨	186	1	469	335	1	707	150	1	397	302	2	465
喀麦隆	—	3	1442	304	2	1651	1543	5	1817	775	11	3464
加拿大	—	1	542	171	4	758	92	2	414	57	1	454
智利	227	1	931	407	5	1145	161	1	669	300	4	1500
中国	198	2	494	248	2	683	172	3	683	137	2	514
哥伦比亚	272	3	1303	1034	3	1351	1409	2	1655	1620	4	2178
哥斯达黎加	138	1	410	87	2	274	—	2	383	—	2	500
克罗地亚	300	2	500	300	1	500	300	3	750	300	1	500
捷克共和国	—	—	—	150	1	354	—	—	—	150	1	433
丹麦	150	1	500	75	1	500	—	1	500	—	—	—
吉布提	750	3	2000	—	—	—	750	3	2000	—	—	—

续 表

经济体	第23问：出口时间和费用						第25问：进口时间与成本					
	港口或机场供应链[a]			陆路供应链[b]			港口或机场供应链[c]			陆路供应链[b]		
	距离[d]（千米）	交付周期（天）	成本[e]（美元）	距离（千米）	交付周期（天）	成本[f]（美元）	距离（千米）	交付周期（天）	成本[e]（美元）	距离（千米）	交付周期（天）	成本[f]（美元）
多米尼加共和国	75	2	433	75	1	250	106	3	553	75	2	500
厄瓜多尔	224	3	866	750	2	4000	177	4	274	750	2	1000
阿拉伯埃及共和国	379	2	419	755	2	740	426	3	665	673	2	875
爱沙尼亚	75	1	500	387	2	1000	75	1	500	2000	4	3000
埃塞俄比亚	750	14	1500	750	13	2236	750	13	1500	750	11	2739
芬兰	124	2	552	438	2	1383	—	1	681	327	2	809
法国	300	1	612	300	2	750	300	1	612	300	2	750
加蓬	—	1	500	—	—	—	—	1	500	—	—	—
格鲁吉亚	—	1	1000	—	1	1000	300	2	1000	—	1	1000
德国	282	1	675	367	2	1129	455	2	892	1030	3	1326
加纳	387	4	2259	713	9	3129	—	5	1856	—	9	3976
希腊	296	5	1225	2000	4	3000	—	2	500	2000	4	4000
危地马拉	300	2	707	—	—	—	300	2	866	—	—	—

续　表

经济体	第23问：出口时间和费用						第25问：进口时间与成本					
	港口或机场供应链[a]			陆路供应链[b]			港口或机场供应链[c]			陆路供应链[b]		
	距离[d]（千米）	交付周期（天）	成本[e]（美元）	距离（千米）	交付周期（天）	成本[f]（美元）	距离（千米）	交付周期（天）	成本[e]（美元）	距离（千米）	交付周期（天）	成本[f]（美元）
海地	—	1	500	—	—	—	—	1	750	—	—	—
洪都拉斯	75	2	465	75	2	266	106	2	397	150	3	354
中国香港	36	1	194	43	1	194	43	1	211	—	1	194
匈牙利	—	1	866	474	1	612	306	3	866	150	1	274
冰岛	75	1	500	75	1	500	—	1	750	—	—	—
印度	384	2	492	199	2	430	403	2	518	206	3	579
印度尼西亚	133	3	579	255	2	579	94	4	568	189	5	1233
伊朗伊斯兰共和国	1462	7	655	612	6	1225	775	3	1000	553	5	1500
伊拉克	—	—	—	2000	2	5000	2000	1	3000	—	—	—
意大利	189	1	647	487	1	1316	179	2	647	487	1	1456
牙买加	—	—	—	750	5	500	300	3	500	75	5	500
日本	—	2	500	—	—	—	—	2	750	—	—	—
约旦	210	2	1078	368	2	848	245	3	976	438	3	1149
肯尼亚	148	3	1261	478	4	1601	316	4	1669	520	7	2048

续 表

经济体	第23问：出口时间和费用						第25问：进口时间与成本					
	港口或机场供应链[a]			陆路供应链[b]			港口或机场供应链[c]			陆路供应链[b]		
	距离[d]（千米）	交付周期（天）	成本[e]（美元）	距离（千米）	交付周期（天）	成本[f]（美元）	距离（千米）	交付周期（天）	成本[e]（美元）	距离（千米）	交付周期（天）	成本[f]（美元）
韩国	300	1	500	—	—	—	300	1	500	—	—	—
科威特	75	1	750	—	—	—	—	2	1500	—	—	—
吉尔吉斯共和国	87	1	500	3500	14	5000	296	2	1581	3500	5	5000
老挝	750	2	2000	—	—	—	—	—	—	750	2	2000
拉脱维亚	66	1	356	381	3	1917	78	2	304	911	5	1524
黎巴嫩	—	2	500	1250	12	3000	—	13	3000	—	—	—
立陶宛	300	1	472	612	2	612	300	1	472	612	2	866
卢森堡	25	1	150	—	—	—	25	1	150	—	—	—
马其顿	—	—	—	474	1	750	—	—	—	612	2	1061
马来西亚	512	1	3000	—	—	—	512	1	3000	—	—	—
马尔代夫	—	2	5000	—	5	5000	—	3	5000	—	6	5000
马耳他	25	1	250	25	2	—	—	—	—	25	2	—
毛里塔尼亚	300	1	2000	—	—	—	—	—	—	300	1	3000

续 表

经济体	第23问：出口时间和费用						第25问：进口时间与成本					
	港口或机场供应链[a]			陆路供应链[b]			港口或机场供应链[c]			陆路供应链[b]		
	距离[d]（千米）	交付周期（天）	成本[e]（美元）	距离（千米）	交付周期（天）	成本[f]（美元）	距离（千米）	交付周期（天）	成本[e]（美元）	距离（千米）	交付周期（天）	成本[f]（美元）
毛里求斯	—	1	866	—	—	—	—	3	866	—	—	—
墨西哥	714	2	1348	1300	4	1511	586	2	1292	1620	3	2060
蒙古	25	1	250	—	4	1145	25	1	194	348	2	1310
黑山共和国	750	7	2000	—	—	—	1250	12	1500	—	—	—
缅甸	25	1	250	—	—	—	25	1	150	—	—	—
纳米比亚	300	2	1500	1250	4	3000	300	2	1500	1250	2	3000
尼泊尔	—	3	5000	381	3	1225	—	3	3000	—	3	1581
荷兰	111	1	530	199	1	447	160	2	554	164	1	419
尼加拉瓜	3500	8	1500	1620	13	2739	3500	8	4000	968	5	1732
尼日利亚	—	4	1856	282	3	2081	—	5	2643	—	6	2783
挪威	300	1	866	306	2	1225	300	1	866	—	1	2121
巴基斯坦	313	3	520	417	4	970	274	3	684	515	4	1307
巴拿马	—	2	2000	—	3	2000	—	—	—	75	2	3000
秘鲁	237	3	500	—	—	—	—	2	1118	—	—	—

续 表

经济体	第23问：出口时间和费用						第25问：进口时间与成本					
	港口或机场供应链[a]			陆路供应链[b]			港口或机场供应链[c]			陆路供应链[b]		
	距离[d]（千米）	交付周期（天）	成本[e]（美元）	距离（千米）	交付周期（天）	成本[f]（美元）	距离（千米）	交付周期（天）	成本[e]（美元）	距离（千米）	交付周期（天）	成本[f]（美元）
菲律宾	—	2	572	—	2	1000	—	2	630	—	2	1000
波兰	300	1	707	3500	46	2000	300	2	500	3500	46	3000
葡萄牙	75	3	335	75	1	—	—	2	572	—	—	—
卡塔尔	—	7	1500	—	—	—	—	5	1500	—	—	—
罗马尼亚	750	2	866	—	—	—	474	2	707	300	1	500
俄罗斯联邦	286	2	1225	3500	11	3162	1225	4	1732	3500	15	4472
沙特阿拉伯	300	8	1000	300	8	1000	300	9	1000	—	—	—
塞内加尔	750	1	750	775	2	1500	750	1	1500	137	3	866
塞尔维亚	25	1	250	75	1	150	—	1	500	750	3	750
新加坡	30	2	323	—	2	909	—	2	266	—	2	783
斯洛伐克共和国	750	2	1000	968	2	1414	750	3	1000	750	2	1061
南非	221	2	1688	530	2	1846	—	2	1623	—	2	2141
西班牙	1543	3	2289	300	2	750	1543	2	2621	1543	3	1000

续 表

经济体	第23问：出口时间和费用						第25问：进口时间与成本					
	港口或机场供应链[a]			陆路供应链[b]			港口或机场供应链[c]			陆路供应链[b]		
	距离[d]（千米）	交付周期（天）	成本[e]（美元）	距离（千米）	交付周期（天）	成本[f]（美元）	距离（千米）	交付周期（天）	成本[e]（美元）	距离（千米）	交付周期（天）	成本[f]（美元）
斯里兰卡	53	2	579	61	1	391	—	2	662	—	1	433
苏丹	1250	6	5000	1250	7	5000	2000	5	5000	2000	6	5000
瑞士	—	1	1500	750	2	3000	—	1	1500	750	2	3000
中国台湾	300	1	500	150	1	354	150	1	354	474	1	500
塔吉克斯坦	3500	14	5000	—	—	—	3500	14	5000	—	—	—
坦桑尼亚	750	7	750	2000	12	750	750	10	1500	1225	8	4472
泰国	25	1	250	—	1	1000	—	1	500	—	1	2000
多哥	—	3	750	—	—	—	—	3	750	—	—	—
突尼斯	—	1	500	—	1	500	—	2	866	—	3	1000
土耳其	142	2	759	295	2	1165	175	2	767	427	3	1196
乌干达	—	—	—	1250	4	1500	—	—	—	1250	5	4000
乌克兰	3500	5	5000	750	2	750	3500	5	5000	750	2	750
阿拉伯联合酋长国	—	2	559	51	2	417	—	2	647	—	2	590

续 表

经济体	第 23 问：出口时间和费用						第 25 问：进口时间与成本					
	港口或机场供应链[a]			陆路供应链[b]			港口或机场供应链[c]			陆路供应链[b]		
	距离[d]（千米）	交付周期（天）	成本[e]（美元）	距离（千米）	交付周期（天）	成本[f]（美元）	距离（千米）	交付周期（天）	成本[e]（美元）	距离（千米）	交付周期（天）	成本[f]（美元）
英国	145	2	890	383	3	825	83	2	528	183	2	913
美国	177	2	921	287	3	1293	160	2	769	454	3	944
乌拉圭	—	1	715	433	3	1316	—	2	692	413	3	1145
乌兹别克斯坦	3500	18	5000	3500	18	5000	3500	18	5000	3500	18	5000
委内瑞拉	—	8	4000	—	7	3000	—	10	5000	—	—	—
越南	36	1	237	43	1	274	—	1	281	—	1	354
赞比亚	612	3	3162	1710	5	4217	612	4	3162	2061	7	4217
津巴布韦	224	2	1732	—	1	1500	—	1	750	224	1	1732

注：— 表示数据未获得；

a 表示从源地（销售方工厂，通常位于首都或是最大的商业中心）到装卸的港口（港口/机场），不包括国际货运；

b 表示从源地（销售方工厂，通常位于首都或是最大的商业中心）到购买者的仓库；

c 表示从卸货港口到购买者的仓库；

d 表示港口和机场距离指标的总和；

e 表示一个 40 英尺干货集装箱或一个半拖挂车的一般费用（总运费包括代理费、港口、机场或其他费用）；

f 表示一个 40 英尺干货集装箱或一个半拖挂车的一般费用（总费用包括代理费和其他费用）。

资料来源：2014 年物流绩效指数。

附表 3.2　国内 LPI 结果（问题 26 ~ 问题 29，问题 31、问题 32）

经济体	第 26 问：满足质量标准的货运百分比	第 27 问：机构数量		第 28 问：表格数量		第 29 问：清关时间（天）[a]		第 31 问：实物检查	第 32 问：多重检查
	货运百分比（%）	进口	出口	进口	出口	无实物检查	有实物检查	进口货运百分比（%）	进行实物检查的货运百分比（%）
阿尔巴尼亚	—	5	2	5	5	1	1	2	1
阿尔及利亚	85	4	4	4	4	3	9	75	11
安哥拉	—	4	4	5	5	2	5	6	1
阿根廷	91	5	4	5	4	3	4	12	3
澳大利亚	92	3	1	2	2	0	2	2	1
奥地利	77	2	1	2	2	0	1	5	2
巴哈马群岛	88	1	1	2	1	1	3	50	1
巴林	93	1	1	2	1	0	1	18	1
孟加拉国	72	4	4	5	5	2	3	35	7
白俄罗斯	87	7	3	3	3	4	4	2	4
比利时	96	2	2	2	1	0	1	3	2
贝宁	57	2	2	2	2	2	5	3	9
玻利维亚	—	3	4	3	4	2	4	30	7

续 表

经济体	第26问：满足质量标准的货运百分比	第27问：机构数量		第28问：表格数量		第29问：清关时间（天）[a]		第31问：实物检查	第32问：多重检查
	货运百分比（%）	进口	出口	进口	出口	无实物检查	有实物检查	进口货运百分比（%）	进行实物检查的货运百分比（%）
波斯尼亚和黑塞哥维那	—	2	2	4	4	1	1	75	18
巴西	82	4	4	4	5	5	8	8	3
保加利亚	84	2	2	2	3	1	1	9	3
布隆迪	—	5	3	4	4	4	6	35	18
柬埔寨	84	3	3	3	3	1	1	17	3
喀麦隆	57	6	6	7	7	3	4	39	7
加拿大	90	2	1	2	1	1	3	2	1
智利	77	3	2	2	2	1	1	1	1
中国	76	3	3	5	4	2	3	7	2
哥伦比亚	76	5	6	5	5	1	2	5	6
哥斯达黎加	83	2	3	2	2	1	2	13	3
克罗地亚	83	3	3	3	3	1	1	18	1

续 表

经济体	第26问：满足质量标准的货运百分比	第27问：机构数量		第28问：表格数量		第29问：清关时间（天）[a]		第31问：实物检查	第32问：多重检查
	货运百分比（%）	进口	出口	进口	出口	无实物检查	有实物检查	进口货运百分比（%）	进行实物检查的货运百分比（%）
捷克共和国	98	1	1	2	2	0	1	1	1
丹麦	93	2	1	1	2	0	1	3	3
吉布提	—	3	4	5	2	—	—	3	1
多米尼加共和国	73	3	3	2	2	1	2	29	4
厄瓜多尔	57	7	7	8	8	2	5	35	25
阿拉伯埃及共和国	67	4	3	5	4	2	6	24	6
爱沙尼亚	95	2	2	2	2	0	1	1	1
埃塞俄比亚	40	6	6	10	10	—	—	75	75
芬兰	91	1	1	1	1	0	1	2	2
法国	90	6	6	2	2	0	1	—	—
加蓬	83	5	5	5	5	6	12	75	35
格鲁吉亚	—	1	1	2	2	0	1	3	3
德国	76	3	3	4	4	1	1	3	3

续 表

经济体	第26问：满足质量标准的货运百分比	第27问：机构数量		第28问：表格数量		第29问：清关时间（天）[a]		第31问：实物检查	第32问：多重检查
	货运百分比（%）	进口	出口	进口	出口	无实物检查	有实物检查	进口货运百分比（%）	进行实物检查的货运百分比（%）
加纳	67	8	5	6	4	4	6	45	16
希腊	97	3	3	3	3	2	2	6	3
危地马拉	57	3	3	4	3	1	3	61	4
海地	40	3	2	3	2	—	—	75	50
洪都拉斯	86	3	3	4	4	2	4	18	12
中国香港	95	4	4	4	4	0	1	1	1
匈牙利	97	1	1	3	2	1	1	3	2
冰岛	97	1	1	2	2	0	1	1	1
印度	67	3	3	4	4	1	2	22	8
印度尼西亚	70	4	3	5	4	2	5	8	3
伊朗伊斯兰共和国	85	4	5	8	7	3	6	52	14
伊拉克	—	2	2	2	2	0	1	75	18
意大利	83	2	2	3	2	1	2	4	1

续　表

经济体	第26问：满足质量标准的货运百分比	第27问：机构数量		第28问：表格数量		第29问：清关时间（天）[a]		第31问：实物检查	第32问：多重检查
	货运百分比（%）	进口	出口	进口	出口	无实物检查	有实物检查	进口货运百分比（%）	进行实物检查的货运百分比（%）
牙买加	83	3	4	4	5	3	3	75	75
日本	89	7	7	3	3	1	1	3	1
约旦	67	3	2	2	2	1	3	26	6
肯尼亚	56	6	5	3	3		3	60	28
韩国	97	2	2	2	2	1	1	18	18
科威特	90	3	2	2	2	1	2	75	9
吉尔吉斯共和国	70	3	2	4	3	1	1	58	1
老挝	—	3	3	5	5	1	1	75	1
拉脱维亚	90	3	2	2	2	1	1	12	4
黎巴嫩	88	3	3	8	8	1	3	50	3
立陶宛	95	2	2	2	2		1	1	1
卢森堡	97	2	2	2	2	1	1	6	1
马其顿	83	3	3	5	3	1	1	11	6

续　表

经济体	第 26 问：满足质量标准的货运百分比	第 27 问：机构数量		第 28 问：表格数量		第 29 问：清关时间（天）[a]		第 31 问：实物检查	第 32 问：多重检查
	货运百分比（%）	进口	出口	进口	出口	无实物检查	有实物检查	进口货运百分比（%）	进行实物检查的货运百分比（%）
马来西亚	97	2	2	4	4	1	2	2	1
马尔代夫	83	3	3	4	3	3	7	3	6
马耳他	40	1	2	1	1	1	3	35	1
毛里塔尼亚	97	4	4	3	3	2	5	6	1
毛里求斯	90	5	3	1	1	1	1	6	1
墨西哥	80	4	3	3	2	1	2	6	6
蒙古	65	3	3	4	3	2	2	57	16
黑山共和国	83	4	4	4	4	4	5	6	6
缅甸	40	3	2	5	5	0	1	75	3
纳米比亚	83	2	2	2	2	3	5	18	1
尼泊尔	40	5	4	6	6	1	1	9	10
荷兰	94	2	1	2	1	0	1	3	2
尼加拉瓜	57	8	8	5	4	1	4	42	11

续　表

经济体	第 26 问：满足质量标准的货运百分比	第 27 问：机构数量		第 28 问：表格数量		第 29 问：清关时间（天）[a]		第 31 问：实物检查	第 32 问：多重检查
	货运百分比（%）	进口	出口	进口	出口	无实物检查	有实物检查	进口货运百分比（%）	进行实物检查的货运百分比（%）
尼日利亚	69	8	7	6	6	4	5	32	5
挪威	92	1	1	1	1	0	1	1	1
巴基斯坦	67	3	4	4	3	2	3	26	8
巴拿马	88	—	—	—	—	—	—	6	1
秘鲁	57	3	3	3	3	1	3	11	2
菲律宾	71	5	4	7	4	2	5	10	4
波兰	95	2	1	1	1	0	2	2	1
葡萄牙	92	1	1	2	2	1	2	7	1
卡塔尔	—	3	3	2	2	3	5	—	—
罗马尼亚	84	3	3	2	3	1	2	9	2
俄罗斯联邦	77	3	3	5	4	1	3	17	3
沙特阿拉伯	40	3	3	5	5	3	5	35	35
塞内加尔	59	4	3	5	4	2	3	14	7

续 表

经济体	第 26 问：满足质量标准的货运百分比	第 27 问：机构数量		第 28 问：表格数量		第 29 问：清关时间（天）[a]		第 31 问：实物检查	第 32 问：多重检查
	货运百分比（%）	进口	出口	进口	出口	无实物检查	有实物检查	进口货运百分比（%）	进行实物检查的货运百分比（%）
塞尔维亚	88	1	1	2	1	1	1	3	1
新加坡	92	1	1	1	1	0	1	5	3
斯洛伐克共和国	87	1	1	2	2	0	1	7	7
南非	83	2	2	4	4	1	4	9	2
西班牙	87	3	2	2	1	0	1	8	3
斯里兰卡	76	4	4	4	3	1	3	49	5
苏丹	—	4	4	4	3	2	3	75	3
瑞士	97	5	5	1	1	0	1	1	1
中国台湾	61	3	2	4	4	1	1	2	1
塔吉克斯坦	—	3	3	6	7	1	1	50	6
坦桑尼亚	40	3	4	6	5	5	8	51	25
泰国	83	4	3	2	2	1	1	3	2
多哥	40	2	2	1	1	3	4	18	6
突尼斯	57	5	4	5	3	2	4	61	11
土耳其	82	4	3	4	3	1	2	10	5

续 表

经济体	第 26 问：满足质量标准的货运百分比	第 27 问：机构数量		第 28 问：表格数量		第 29 问：清关时间（天）[a]		第 31 问：实物检查	第 32 问：多重检查
	货运百分比（%）	进口	出口	进口	出口	无实物检查	有实物检查	进口货运百分比（%）	进行实物检查的货运百分比（%）
乌干达	—	1	1	1	1	—	—	—	—
乌克兰	—	5	6	5	6	—	—	50	35
阿拉伯联合酋长国	88	3	3	2	2	1	1	5	2
英国	77	2	2	2	2	1	1	3	2
美国	87	4	3	3	3	1	2	4	2
乌拉圭	78	4	4	2	1	1	3	14	2
乌兹别克斯坦	—	2	3	2	4	2	4	50	3
委内瑞拉	40	5	5	6	6	4	10	75	75
越南	76	4	4	5	3	1	2	53	7
赞比亚	51	5	5	3	3	2	4	9	1
津巴布韦	—	10	10	6	5	1	2	14	42

注：— 表示数据未提供；

a 表示已接受的海关申报与清关通告之间的时间间隔。

资料来源：2014 年物流绩效指数。

附录 4　四个版本的 LPI 结果（2007 年、2010 年、2012 年和 2014 年）

作为 2014 年 LPI 报告的一个新特点，所有 4 次 LPI 调查的 6 个构成要素的评分均用于生成一个“大表”，来更好地显示各国的物流绩效。这种方法可降低一次 LPI 调查与另一次 LPI 调查之间的随机差异，从而能够对 166 个国家加以比较。每年每个构成要素都指定相应的权重：2007 年为 6.7%，2010 年为 13.3%，2012 年为 26.7%，2014 年为 53.3%。通过这种方法，最新数据就能体现最高权重。

经济体	LPI		海关		基础设施		国际货运		物流质量与竞争力		追踪与追溯		及时性	
	排名	平均分	排名	平均分	排名	平均分	排名	平均分	排名	平均分	排名	平均分	排名	平均分
德国	1	4.10	2	4.01	1	4.30	3	3.72	1	4.12	1	4.14	2	4.36
新加坡	2	4.06	1	4.03	2	4.24	1	3.82	4	4.03	7	4.00	5	4.30
荷兰	3	4.05	3	3.94	3	4.21	4	3.72	2	4.12	4	4.10	6	4.30
比利时	4	4.00	10	3.80	7	4.09	6	3.71	3	4.07	3	4.10	4	4.32
英国	5	3.97	7	3.84	9	4.07	9	3.65	6	3.99	5	4.07	7	4.29
瑞典	6	3.95	13	3.75	6	4.09	7	3.68	5	4.00	8	3.98	8	4.28
日本	7	3.93	11	3.77	5	4.14	13	3.56	7	3.96	6	4.01	11	4.24
中国香港	8	3.92	8	3.81	12	4.02	2	3.76	11	3.90	10	3.95	14	4.14
美国	9	3.91	16	3.69	4	4.16	24	3.46	9	3.95	2	4.13	12	4.16
卢森堡	10	3.89	12	3.76	16	3.89	5	3.71	20	3.74	18	3.77	1	4.50
挪威	11	3.87	4	3.93	8	4.08	26	3.45	8	3.95	24	3.64	9	4.28
瑞士	12	3.86	6	3.88	10	4.05	17	3.52	14	3.83	14	3.88	16	4.09
加拿大	13	3.86	19	3.63	11	4.03	23	3.48	10	3.92	11	3.94	10	4.24
丹麦	14	3.86	9	3.81	14	3.91	11	3.64	13	3.86	21	3.66	3	4.32
法国	15	3.84	18	3.63	13	3.97	10	3.64	16	3.79	13	3.92	13	4.15

续　表

经济体	LPI		海关		基础设施		国际货运		物流质量与竞争力		追踪与追溯		及时性	
	排名	平均分	排名	平均分	排名	平均分	排名	平均分	排名	平均分	排名	平均分	排名	平均分
澳大利亚	16	3.79	14	3.74	15	3.90	15	3.53	18	3.75	15	3.83	21	4.04
芬兰	17	3.78	5	3.90	18	3.77	12	3.58	12	3.87	20	3.69	26	3.94
爱尔兰	18	3.78	17	3.67	23	3.69	22	3.49	15	3.82	9	3.97	17	4.09
奥地利	19	3.76	20	3.61	17	3.78	19	3.50	17	3.76	12	3.93	22	4.00
中国台湾	20	3.71	24	3.47	24	3.67	8	3.66	23	3.62	17	3.79	20	4.04
西班牙	21	3.69	21	3.51	22	3.72	21	3.49	19	3.75	23	3.64	18	4.05
意大利	22	3.67	26	3.34	20	3.74	20	3.49	22	3.65	16	3.80	19	4.04
韩国	23	3.66	25	3.42	21	3.73	18	3.50	21	3.65	19	3.70	23	3.99
阿拉伯联合酋长国	24	3.63	22	3.49	19	3.76	30	3.37	25	3.58	22	3.64	24	3.98
新西兰	25	3.59	15	3.74	26	3.58	16	3.53	28	3.49	31	3.47	37	3.76
马来西亚	26	3.54	27	3.31	27	3.50	14	3.54	30	3.44	28	3.53	28	3.90
中国	27	3.51	30	3.20	25	3.61	25	3.45	29	3.46	30	3.50	31	3.84
南非	28	3.51	31	3.19	29	3.40	27	3.45	24	3.59	29	3.53	30	3.87
葡萄牙	29	3.50	28	3.25	31	3.34	31	3.36	26	3.56	25	3.62	29	3.88

续 表

经济体	LPI		海关		基础设施		国际货运		物流质量与竞争力		追踪与追溯		及时性	
	排名	平均分	排名	平均分	排名	平均分	排名	平均分	排名	平均分	排名	平均分	排名	平均分
土耳其	30	3.44	33	3.14	28	3.46	35	3.22	27	3.53	26	3.59	38	3.75
波兰	31	3.44	29	3.22	45	3.05	28	3.39	34	3.36	32	3.44	15	4.12
捷克共和国	32	3.38	32	3.15	37	3.17	29	3.38	32	3.40	33	3.44	40	3.69
冰岛	33	3.35	23	3.47	30	3.35	46	3.10	33	3.40	39	3.34	53	3.49
卡塔尔	34	3.35	40	3.00	35	3.24	33	3.25	36	3.30	34	3.41	27	3.92
泰国	35	3.34	35	3.10	34	3.27	32	3.27	38	3.19	35	3.36	32	3.83
以色列	36	3.32	37	3.08	32	3.30	64	2.93	31	3.40	40	3.29	25	3.98
匈牙利	37	3.30	44	2.91	38	3.15	39	3.19	37	3.22	27	3.56	35	3.79
斯洛文尼亚	38	3.27	39	3.01	36	3.22	45	3.11	35	3.33	37	3.34	41	3.66
智利	39	3.21	34	3.13	39	3.12	51	3.06	41	3.11	41	3.28	45	3.58
拉脱维亚	40	3.19	41	3.00	59	2.84	38	3.20	49	3.01	38	3.34	39	3.73
斯洛伐克共和国	41	3.17	50	2.85	41	3.09	43	3.13	39	3.12	59	3.03	34	3.80
爱沙尼亚	42	3.16	38	3.08	42	3.08	42	3.14	40	3.12	53	3.09	55	3.47
沙特阿拉伯	43	3.16	51	2.84	33	3.27	60	2.96	42	3.09	45	3.18	43	3.65

续表

经济体	LPI		海关		基础设施		国际货运		物流质量与竞争力		追踪与追溯		及时性	
	排名	平均分	排名	平均分	排名	平均分	排名	平均分	排名	平均分	排名	平均分	排名	平均分
巴林	44	3.12	36	3.10	40	3.12	53	3.01	47	3.04	36	3.35	85	3.12
罗马尼亚	45	3.11	61	2.71	65	2.63	36	3.21	48	3.01	43	3.21	33	3.82
保加利亚	46	3.11	55	2.76	55	2.89	34	3.23	50	3.00	64	2.98	36	3.76
立陶宛	47	3.08	46	2.90	54	2.90	50	3.07	57	2.93	58	3.03	42	3.66
印度	48	3.08	58	2.73	57	2.88	44	3.12	44	3.09	51	3.11	47	3.54
墨西哥	49	3.08	63	2.64	47	3.00	47	3.09	45	3.06	50	3.15	46	3.55
希腊	50	3.08	42	2.96	44	3.05	68	2.89	46	3.04	54	3.09	52	3.50
巴拿马	51	3.08	45	2.91	53	2.92	55	3.00	63	2.85	42	3.21	44	3.59
塞浦路斯	52	3.08	43	2.91	50	2.96	49	3.08	54	2.96	48	3.16	62	3.38
越南	53	3.07	56	2.76	56	2.88	40	3.16	56	2.94	49	3.15	51	3.51
马耳他	54	3.06	48	2.88	46	3.04	41	3.15	52	2.98	61	3.01	68	3.30
克罗地亚	55	3.02	47	2.89	51	2.93	63	2.95	60	2.90	56	3.05	58	3.40
阿根廷	56	3.02	77	2.54	58	2.85	48	3.08	55	2.95	44	3.18	54	3.48
巴西	57	3.01	82	2.47	49	2.97	67	2.89	43	3.09	46	3.17	49	3.51

续 表

经济体	LPI		海关		基础设施		国际货运		物流质量与竞争力		追踪与追溯		及时性	
	排名	平均分	排名	平均分	排名	平均分	排名	平均分	排名	平均分	排名	平均分	排名	平均分
菲律宾	58	3.01	52	2.83	67	2.63	37	3.21	53	2.97	52	3.10	74	3.24
印度尼西亚	59	3.00	59	2.71	62	2.76	65	2.90	51	2.99	55	3.08	48	3.53
科威特	60	3.00	57	2.74	43	3.07	81	2.77	59	2.91	47	3.16	61	3.38
阿曼	61	2.94	49	2.86	52	2.93	52	3.04	71	2.74	86	2.66	59	3.39
摩洛哥	62	2.90	73	2.55	48	2.98	61	2.96	73	2.73	71	2.81	63	3.38
阿拉伯埃及共和国	63	2.88	64	2.63	61	2.77	77	2.83	58	2.92	62	3.00	82	3.13
乌克兰	64	2.86	79	2.50	68	2.61	75	2.84	68	2.78	57	3.05	60	3.38
秘鲁	65	2.86	74	2.54	63	2.70	66	2.89	67	2.79	67	2.86	65	3.32
塞尔维亚	66	2.84	108	2.35	70	2.60	54	3.00	62	2.85	65	2.88	71	3.27
巴哈马群岛	67	2.84	54	2.79	64	2.68	74	2.84	65	2.81	83	2.68	77	3.19
萨尔瓦多	68	2.81	62	2.66	75	2.55	70	2.87	61	2.90	69	2.84	105	2.98
乌干达	69	2.80	53	2.79	107	2.33	56	2.98	92	2.58	125	2.45	50	3.51
多米尼加共和国	70	2.78	75	2.54	77	2.55	78	2.82	69	2.76	75	2.79	76	3.19
波斯尼亚和黑塞哥维那	71	2.78	87	2.46	74	2.57	71	2.86	76	2.71	93	2.62	56	3.42

续　表

经济体	LPI		海关		基础设施		国际货运		物流质量与竞争力		追踪与追溯		及时性	
	排名	平均分	排名	平均分	排名	平均分	排名	平均分	排名	平均分	排名	平均分	排名	平均分
巴基斯坦	72	2.77	60	2.71	72	2.58	57	2.97	75	2.71	85	2.67	116	2.93
约旦	73	2.77	81	2.47	73	2.58	58	2.97	78	2.68	96	2.60	69	3.29
突尼斯	74	2.77	94	2.42	81	2.52	62	2.96	88	2.60	82	2.69	64	3.35
危地马拉	75	2.76	65	2.63	85	2.50	85	2.74	77	2.70	81	2.70	72	3.26
乌拉圭	76	2.76	68	2.58	69	2.61	89	2.71	79	2.68	66	2.88	88	3.08
黎巴嫩	77	2.74	98	2.39	78	2.54	106	2.62	64	2.83	63	2.99	90	3.08
马拉维	78	2.73	67	2.61	60	2.79	88	2.71	66	2.80	117	2.49	95	3.02
哥斯达黎加	79	2.73	88	2.45	87	2.49	92	2.69	72	2.73	68	2.84	79	3.16
厄瓜多尔	80	2.72	96	2.42	84	2.51	79	2.81	86	2.62	87	2.66	67	3.30
哥伦比亚	81	2.71	71	2.56	80	2.53	91	2.70	74	2.72	94	2.61	84	3.12
科特迪瓦	82	2.70	119	2.30	103	2.36	82	2.77	85	2.63	70	2.83	73	3.24
委内瑞拉	83	2.69	124	2.27	89	2.46	76	2.83	87	2.61	76	2.79	80	3.15
圣多美和普林西比	84	2.69	97	2.41	98	2.42	69	2.87	94	2.58	60	3.01	131	2.82
阿尔巴尼亚	85	2.69	107	2.35	102	2.38	80	2.78	97	2.57	103	2.55	57	3.41

续 表

经济体	LPI		海关		基础设施		国际货运		物流质量与竞争力		追踪与追溯		及时性	
	排名	平均分	排名	平均分	排名	平均分	排名	平均分	排名	平均分	排名	平均分	排名	平均分
巴拉圭	86	2.68	93	2.42	95	2.44	95	2.66	84	2.65	77	2.77	83	3.12
哈萨克斯坦	87	2.68	100	2.37	94	2.44	87	2.72	80	2.67	78	2.77	91	3.06
黑山共和国	88	2.66	69	2.57	71	2.60	84	2.76	119	2.40	91	2.64	101	2.99
肯尼亚	89	2.66	152	2.05	116	2.29	59	2.96	104	2.51	72	2.80	70	3.28
贝宁	90	2.66	76	2.54	101	2.40	105	2.62	101	2.55	84	2.67	78	3.17
尼日利亚	91	2.66	132	2.22	93	2.44	100	2.64	90	2.60	74	2.79	75	3.22
牙买加	92	2.65	72	2.55	79	2.53	97	2.65	106	2.48	88	2.66	100	3.00
斯里兰卡	93	2.64	83	2.47	121	2.25	96	2.65	70	2.74	89	2.65	97	3.01
俄罗斯联邦	94	2.63	145	2.13	86	2.50	104	2.63	81	2.67	79	2.75	87	3.10
孟加拉国	95	2.63	140	2.18	119	2.27	72	2.86	102	2.54	106	2.53	66	3.30
柬埔寨	96	2.63	80	2.48	100	2.40	94	2.66	99	2.56	73	2.80	129	2.83
马尔代夫	97	2.62	66	2.62	91	2.46	90	2.70	82	2.66	99	2.57	146	2.69
白俄罗斯	98	2.61	84	2.46	66	2.63	110	2.58	113	2.44	101	2.57	102	2.99
洪都拉斯	99	2.60	70	2.56	114	2.29	86	2.73	110	2.47	102	2.55	107	2.96

续　表

经济体	LPI		海关		基础设施		国际货运		物流质量与竞争力		追踪与追溯		及时性	
	排名	平均分	排名	平均分	排名	平均分	排名	平均分	排名	平均分	排名	平均分	排名	平均分
塞内加尔	100	2.60	78	2.53	108	2.33	73	2.84	96	2.57	105	2.54	142	2.72
格鲁吉亚	101	2.60	90	2.43	88	2.48	123	2.49	100	2.56	95	2.61	94	3.03
毛里求斯	102	2.60	99	2.38	76	2.55	98	2.65	108	2.48	114	2.50	96	3.02
亚美尼亚	103	2.59	91	2.42	109	2.33	103	2.63	91	2.59	120	2.47	92	3.05
尼加拉瓜	104	2.58	86	2.46	130	2.19	102	2.63	111	2.46	109	2.52	81	3.14
博茨瓦纳	105	2.55	89	2.44	104	2.36	143	2.35	98	2.56	108	2.52	89	3.08
马其顿	106	2.55	112	2.32	83	2.52	116	2.54	95	2.57	113	2.50	128	2.84
加纳	107	2.54	127	2.25	90	2.46	93	2.67	116	2.42	90	2.65	135	2.78
纳米比亚	108	2.54	117	2.31	92	2.46	114	2.54	103	2.53	111	2.52	124	2.87
摩尔多瓦	109	2.53	116	2.32	99	2.42	83	2.76	131	2.31	119	2.47	123	2.88
利比里亚	110	2.52	102	2.37	96	2.42	113	2.55	89	2.60	121	2.47	144	2.70
阿尔及利亚	111	2.51	95	2.42	113	2.29	112	2.56	125	2.35	122	2.46	112	2.95
玻利维亚	112	2.51	106	2.35	124	2.23	129	2.44	93	2.58	92	2.63	133	2.79
几内亚	113	2.50	101	2.37	131	2.18	120	2.52	107	2.48	118	2.48	106	2.97

续表

经济体	LPI		海关		基础设施		国际货运		物流质量与竞争力		追踪与追溯		及时性	
	排名	平均分	排名	平均分	排名	平均分	排名	平均分	排名	平均分	排名	平均分	排名	平均分
伊朗伊斯兰共和国	114	2.50	133	2.21	97	2.42	124	2.49	83	2.66	123	2.46	141	2.75
马达加斯加	115	2.50	118	2.31	117	2.28	126	2.47	114	2.44	124	2.45	93	3.04
布基纳法索	116	2.47	110	2.34	120	2.27	131	2.44	115	2.44	129	2.41	114	2.94
阿塞拜疆	117	2.47	115	2.32	82	2.52	107	2.59	150	2.18	132	2.39	130	2.83
所罗门群岛	118	2.47	105	2.35	115	2.29	152	2.28	112	2.46	116	2.49	110	2.95
卢旺达	119	2.47	126	2.25	153	2.06	109	2.58	130	2.31	98	2.58	111	2.95
尼日尔	120	2.46	92	2.42	135	2.16	119	2.52	128	2.34	134	2.38	117	2.93
中非共和国	121	2.46	85	2.46	110	2.31	155	2.24	105	2.49	133	2.39	122	2.88
埃塞俄比亚	122	2.46	125	2.26	146	2.11	125	2.49	120	2.39	115	2.49	108	2.96
乌兹别克斯坦	123	2.45	159	1.98	142	2.14	145	2.33	124	2.38	80	2.74	86	3.11
斐济	124	2.45	130	2.22	111	2.30	108	2.59	149	2.19	136	2.37	104	2.98
坦桑尼亚	125	2.44	136	2.20	118	2.28	118	2.52	133	2.31	141	2.35	115	2.93
也门共和国	126	2.43	160	1.95	139	2.15	115	2.54	121	2.38	112	2.51	98	3.01
安哥拉	127	2.43	121	2.28	136	2.16	111	2.57	146	2.20	128	2.41	121	2.89

续 表

经济体	LPI		海关		基础设施		国际货运		物流质量与竞争力		追踪与追溯		及时性	
	排名	平均分	排名	平均分	排名	平均分	排名	平均分	排名	平均分	排名	平均分	排名	平均分
多哥	128	2.42	139	2.19	138	2.15	101	2.64	142	2.24	97	2.59	149	2.67
老挝	129	2.42	103	2.37	127	2.21	122	2.50	129	2.33	145	2.29	134	2.79
几内亚比索	130	2.42	111	2.33	112	2.29	134	2.43	118	2.40	146	2.28	140	2.76
巴布亚新几内亚	131	2.41	134	2.21	133	2.16	128	2.45	126	2.34	137	2.36	119	2.90
利比亚	132	2.41	122	2.27	144	2.13	137	2.38	136	2.28	100	2.57	132	2.79
喀麦隆	133	2.40	151	2.08	156	2.00	147	2.32	109	2.47	104	2.54	103	2.98
塔吉克斯坦	134	2.40	120	2.28	128	2.20	117	2.53	127	2.34	144	2.30	147	2.69
土库曼斯坦	135	2.39	129	2.23	141	2.15	130	2.44	148	2.20	139	2.35	113	2.94
马里	136	2.39	149	2.09	147	2.10	121	2.51	152	2.17	110	2.52	120	2.90
赞比亚	137	2.38	104	2.36	149	2.10	154	2.26	134	2.28	126	2.44	126	2.86
津巴布韦	138	2.38	157	2.01	137	2.16	139	2.36	123	2.38	135	2.38	99	3.01
圭亚那	139	2.37	114	2.32	123	2.24	141	2.35	139	2.26	140	2.35	145	2.70
尼泊尔	140	2.36	131	2.22	152	2.06	144	2.34	132	2.31	127	2.43	138	2.77
冈比亚	141	2.36	141	2.18	155	2.02	99	2.64	122	2.38	148	2.27	153	2.58

续 表

经济体	LPI		海关		基础设施		国际货运		物流质量与竞争力		追踪与追溯		及时性	
	排名	平均分	排名	平均分	排名	平均分	排名	平均分	排名	平均分	排名	平均分	排名	平均分
不丹	142	2. 35	143	2. 14	140	2. 15	133	2. 43	117	2. 41	130	2. 39	156	2. 56
赤道几内亚	143	2. 35	109	2. 35	145	2. 11	159	2. 11	147	2. 20	107	2. 53	125	2. 86
乍得	144	2. 35	128	2. 24	134	2. 16	153	2. 27	151	2. 17	142	2. 34	118	2. 92
毛里塔尼亚	145	2. 35	146	2. 13	105	2. 34	151	2. 29	141	2. 25	138	2. 36	136	2. 78
科摩罗	146	2. 34	113	2. 32	143	2. 14	146	2. 32	138	2. 27	131	2. 39	152	2. 59
莱索托	147	2. 32	137	2. 20	126	2. 22	136	2. 39	137	2. 27	156	2. 15	148	2. 68
阿拉伯叙利亚共和国	148	2. 31	138	2. 19	122	2. 24	140	2. 36	159	2. 10	157	2. 13	127	2. 85
吉尔吉斯共和国	149	2. 31	135	2. 21	132	2. 17	135	2. 41	145	2. 21	149	2. 26	154	2. 57
蒙古	150	2. 30	150	2. 08	129	2. 20	127	2. 46	153	2. 17	153	2. 20	150	2. 63
缅甸	151	2. 27	154	2. 04	151	2. 07	156	2. 23	156	2. 15	143	2. 30	137	2. 78
加蓬	152	2. 26	153	2. 05	150	2. 08	132	2. 43	135	2. 28	159	2. 10	155	2. 57
莫桑比克	153	2. 26	144	2. 13	148	2. 10	138	2. 37	155	2. 16	155	2. 15	151	2. 61
布隆迪	154	2. 26	123	2. 27	125	2. 23	149	2. 31	143	2. 22	154	2. 18	164	2. 32
海地	155	2. 24	147	2. 10	157	1. 97	150	2. 30	162	2. 07	147	2. 28	143	2. 71

续　表

经济体	LPI		海关		基础设施		国际货运		物流质量与竞争力		追踪与追溯		及时性	
	排名	平均分	排名	平均分	排名	平均分	排名	平均分	排名	平均分	排名	平均分	排名	平均分
伊拉克	156	2.22	161	1.94	154	2.02	148	2.31	157	2.15	158	2.12	139	2.76
苏丹	157	2.19	158	1.99	159	1.94	157	2.17	140	2.26	150	2.26	160	2.48
古巴	158	2.16	148	2.10	160	1.92	142	2.35	161	2.08	161	2.07	161	2.40
刚果共和国	159	2.16	165	1.68	165	1.64	158	2.14	144	2.21	151	2.25	109	2.95
刚果民主共和国	160	2.13	156	2.03	158	1.95	162	2.02	158	2.15	152	2.24	163	2.36
阿富汗	161	2.10	142	2.16	162	1.83	161	2.06	163	2.07	164	1.93	159	2.51
吉布提	162	2.07	155	2.04	161	1.91	164	1.90	160	2.09	162	1.97	157	2.56
塞拉利昂	163	2.06	163	1.78	106	2.34	163	1.91	164	1.92	160	2.07	162	2.36
厄立特里亚	164	2.05	162	1.83	163	1.70	160	2.07	154	2.16	163	1.93	158	2.55
东帝汶	165	1.71	166	1.63	164	1.67	166	1.50	166	1.60	165	1.67	165	2.25
索马里	166	1.63	164	1.76	166	1.51	165	1.59	165	1.62	166	1.52	166	1.75

资料来源：2007 年、2010 年、2012 年和 2014 年物流绩效指数。

附录5　LPI方法

由于物流具有许多维度，所以衡量与总结各国的物流绩效具有很大的挑战性。检查物流过程相关的时间和成本——港口处理、报关、运输等相关项目——是一个良好的开端，在许多情况下，这类信息均有登记记录。但即使完成了，由于各国供应链之间的差异，这些信息也无法简单地汇总成一个单一的稳定跨国数据集。更重要的是，许多良好物流的关键因素（如过程透明度和服务质量、可预测性和可靠性）不能仅靠时间和成本信息来加以评估。

构建国际LPI

LPI调查的第一部分（第10～第15问）（2014年LPI调查问卷详见http：//lpi. world bank. org/report）为国际LPI提供了原始数据。参与每次调查的受访者根据物流绩效的6个核心构成要素对8个海外市场进行了评分。根据受访者所在国最重要的出口和进口市场，我们随机选择了8个国家，对于内陆国家而言，则对连接国际市场的大陆桥的邻国进行选择。每名受访者用来选择国家组合的方法根据受访者所在国家的特点不同而有所差异（见附表5.1）。

受访者通过网络参与调查。2014年网络引擎与2012年的新引擎相同，其采用了统一随机抽样（USR）法来从代表性不足的国家获取最可能的回答。由于调查引擎在很大程度上依赖于一种特殊的选择方法，即基于国家间的高贸易额选择调查受访者的方法，因此USR可有助于低贸易量国家在选择国家过程中上升至顶部。

附表 5.1　　选择受访者国家的方法

<table>
<tr><th></th><th>低收入国家的受访者</th><th>中等收入国家的受访者</th><th>高收入国家的受访者</th></tr>
<tr><td>沿海国家受访者</td><td>5 个最重要的出口伙伴国家 +3 个最重要的伙伴国家</td><td>3 个最重要的出口伙伴国家
+
1 个最重要的进口伙伴国家
+
4 个随机挑选的国家，从如下 4 组各选择一个：
a. 非洲；
b. 东亚、南亚和中亚；
c. 拉丁美洲；
d. 世界经合组织和欧洲次中亚</td><td rowspan="2">从 5 个最重要的出口伙伴国家和 5 个最重要的进口伙伴国家名单中随机选择两个国家
+
4 个随机挑选的国家，从如下 4 组各选择一个：
a. 非洲；
b. 东亚、南亚和中亚；
c. 拉丁美洲；
d. 世界经合组织和欧洲次中亚</td></tr>
<tr><td>内陆国家受访者</td><td>4 个最重要的出口伙伴国家 +2 个最重要的进口伙伴国家 +2 个大陆桥国家</td><td>3 个最重要的出口伙伴国家
+
1 个最重要的进口伙伴国家
+
2 个大陆桥国家
+
2 个随机挑选的国家，从如下两组各选择一个：
a. 非洲、东亚、中亚和拉丁美洲；
b. 世界经合组织和欧洲次中亚</td></tr>
</table>

资料来源：2014 年物流绩效指数。

2014 年调查引擎构建了一套供受访者根据规定选择的国家集合（见附表 5.1）。经过 200 份调查后，将 USR 引入调查引擎来选择国家。对于每名新的调查受访者，USR 请求随机选择（但概率不一致，通过权重选择来使得抽样概率逐渐一致）的国家给予一个回答。通过这种方式，国家 i 被选择的概率为 $(N-n_i)/2N$，其中 n_i 是指国家 i 截至目前的样本量，N 是指总样本量。

国际 LPI 报告是物流业绩效的综合指标，它将 6 个核心绩效构成要素的数据组合成一个单一的综合衡量指标。一些受访者没有提供所有 6 个构成要素的信息，因此只好使用插值来弥补缺失值。缺失值均使用该国对每个问题的平均回答情况替代，并根据受访者在回答问题时与国家平均值的均差来进行调整。

6 个核心构成要素分别为：

（1）在调查问卷第 10 问中，海关和边境清关的效率，从“非常低”（1）至“非常高”（5）进行打分；

（2）在调查问卷第 11 问中，贸易和运输基础设施质量，从“非常低”（1）至“非常高”（5）进行打分；

（3）在调查问卷第 12 问中，安排具有竞争力价格货运的便利性，从“非常难”（1）至“非常易”（5）进行打分；

（4）在调查问卷第 13 问中，物流服务竞争力与质量，从“非常低”（1）至“非常高”（5）进行打分；

（5）在调查问卷第 14 问中，追踪与追溯货物运输的能力，从“非常低”（1）至“非常高”（5）进行打分；

（6）在调查问卷第 15 问中，货物运输在既定或预期时间的到货率，从“几乎从不”（1）至“几乎总是”（5）进行打分。

LPI 由上述 6 项指标利用主要构成要素分析（PCA）构建而成，PCA 是一种用于降低数据集维度的标准统计技术。在 LPI 报告中，输入进行 PCA 的数据是各国对第 10～15 问的评分，并根据给定海外市场的数据在所有受访者之间进行平均。在进行 PCA 之前，减去样品平均值并除以标准差对平均进行标准化。PCA 的输出结果是一个单一指标，LPI 就是那些数据的加权平均值。权重用来最大限度地提高 LPI 原始 6 项指标中的变异百分比。

PCA 步骤的完整细节如附表 5.2 和附表 5.3 所示。附表 5.2 的第 1 行表明 6 个核心指标相关矩阵的首个（最主要）特征值大于 1，且远远大于其他特征值。标准统计检验（如 Kaiser 准则和特征值陡坡图）表明，应采用单一主要构成要素来描述基础数据。这一主要构成要素就是国际 LPI。附表 5.2 表明，在 6 个构成要素中，国际 LPI 的变异占 92%。

为构建国际 LPI，我们分别将 6 个原始指标的标准化得分乘以主要构成要素比重（见附表 5.3），然后求和。构成要素比重表示在构建国际 LPI 中每个原始指标的权重。由于所有 6 个指标的比重相近，国际 LPI 与 6 个指标的简单平均值相近。虽然每个版本的 LPI 调查报告都要重新进行 PCA，但每年的权重仍保持不变，因此，不同版本 LPI 报告之间具有高度可比较性。

附表 5.2　　国际 LPI 主要构成要素分析

构成要素	特征值	差异	方差比例	
			个体	累计
1	5.45	5.25	0.91	0.91
2	0.20	0.04	0.03	0.94
3	0.16	0.06	0.03	0.97
4	0.10	0.06	0.02	0.98
5	0.05	0.00	0.01	0.99
6	0.05	—	0.01	1.00

注：—　表示无数据。

资料来源：作者分析。

附表 5.3　国际 LPI 构成要素比重

构成要素	权重
海关	0.40
基础设施	0.42
国际货运	0.40
物流质量与竞争力	0.42
追踪与追溯	0.41
及时性	0.40

资料来源：作者分析。

构建置信区间

为考虑 LPI 调查方法产生的抽样误差，LPI 评分大约占置信区间的 80%。这些置信区间使得对于 1 个国家评分和排名提供上限和下限成为可能。要确定评分变化或两次评分之间差异是否存在统计学显著差异，必须认真检查置信区间。例如，除非该国 2014 年 LPI 评分下限超过 2012 年 LPI 评分上限，否则不能认为国家绩效有统计学显著提高。

尽管是国家最全面的数据源，但 LPI 还有两项重要限制。首先，国际货运代理商的经验不能代表贫穷国家的边境物流环境，这些国家通常依赖于传统运营商。而且国际和传统运营商与政府交流及其服务水平方面存在差异。其次，对于内陆国家和小型岛屿国家，LPI 可能会反映被评估国家范围之外的准入问题，如过境困难。对内陆国家评价较低可能无法充分反映其为贸易便利化所做的努力，这取决于复杂国际过境体系的工作。内陆国家在国内改革情况下，无法估计过境的低效率。

为计算置信区间，估计一个国家所有受访者 LPI 的标准误差，那么置信区间的上限和下限分别为：

$$LPI \pm \frac{t_{(0.1,N-1)}S}{\sqrt{N}}$$

其中 LPI 表示该国 LPI 评分，N 表示调查受访者人数，S 表示估计的标准误差，t 表示研究人员的 t 分布。该方法结果表明，由于这些估值确定性较低，受访者人数较少的小型市场的置信区间和评分和排名的取值范围变化较大。

高分和低分用于计算该国排名的上限和下限。上限是当一个国家 LPI 评分位于置信区间上限而非中心位置时该国的 LPI 排名。下限是一个国家 LPI 评分位于置信区间下限而非中心时该国的 LPI 排名。在这两种情况下，所有其他国家的 LPI 评分均保持不变。

1～5 级的平均置信区间为 0.21，约为平均国家 LPI 得分的 8%。由于 LPI 评分群处于分布的中间，所以置信区间相当于 20 个排名位置，从而可利用这 20 个排名的上下限进行上述计算。在解读 LPI 评分和排名的微小差异时，要格外谨慎。

构建国内 LPI 数据库

LPI 调查的第二部分是国内 LPI，其中受访者提供了他们工作所在国物流的定性和定量信息。

第 17～第 22 问要求受访者从五个绩效类别中选择一个。例如，在第 17 问中，他们可以描述他们国家的港口费用为“非常高”“高”“平均”“低”或者“非常低”。对于国际 LPI，对这些选项从 1（最差）到 5（最好）进行编码。附录 2 列出了对于物流环境的每个方面评分 1～2 或者 4～5 的受访者百分比的国家平均值。

除了少数例外，第 23 问和第 24 问询问受访者对于他们国家国际供应链的定量信息，提供下拉菜单中的选项。当一个答案表示一个单一值，该答案就被编码作为该值的对数。当一个答案表示一个范围的时候，该答案被编码为该范围中点的对数。例如，出口距离可以表示为不足 50 千米、50 ~ 100 千米、100 ~ 500 千米等，因此 50 ~ 100 千米的答复被编码为 log75。可以应要求提供编码矩阵的完整细节。

国家 LPI 评分是由所有受访者对于一个指定国家反映出来的对数平均值取幂。这种方法相当于取几何平均值。地区 LPI 评分、收入群体 LPI 评分和 LPI 五分区评分是相关国家 LPI 评分的简单平均值。

附录6　受访者统计资料

陆路物流运输对物流绩效的关键方面进行的评估最佳，因此LPI采用在跨国货运代理商和主要快递公司的物流专业人员进行结构化在线调查。

2014年LPI数据是以2013年10—12月进行的调查为基础，由分布于143个国家不同国籍物流公司的1000名受访者的回答而得出。受访者数量与其他版本LPI报告所涉及受访者数量大致相同。

受访者的地理分布

2014年受访者所在地区反映了贸易便利化对发展中国家日益增长的重要性。在这些受访者中，70%的受访者来自低收入国家（7%）或中等收入国家（63%）。虽然总的数字与2012年LPI报告相近，但更多地向中等收入国家倾斜。来自低收入国家的受访者数量较少，是因为他们在世界贸易中的作用较小，且难以有效地与陆路物流运营商进行沟通。虽然如此，该调查仍以发展中国家和发达国家双方的经验样本为基础（见附图6.1）。

在发展中国家中，所有的区域都得到了很好的体现（见附图6.2）。在2014年的调查中，由于当地货运代理协会的积极参与，受访者回答在一定程度上向南亚倾斜。该地区的受访者数量相似。当地协会和物流运营商的参与数量增加将有望帮助建立其他地区未来的回答率。

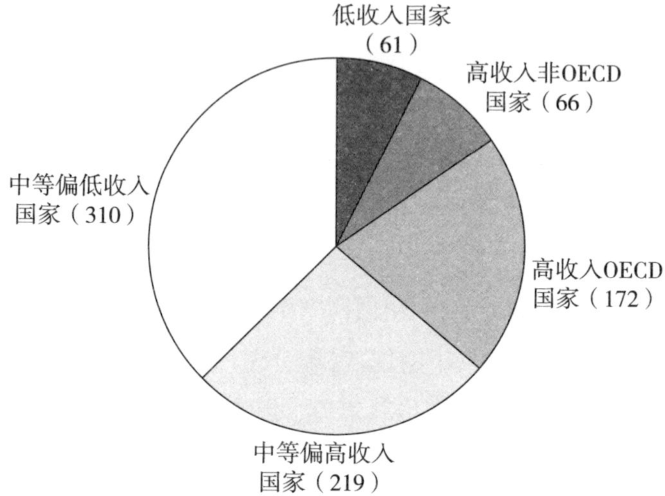

附图 6.1　不同世界银行收入组别中 2014 年调查受访者数量

资料来源：2014 年物流绩效指数。

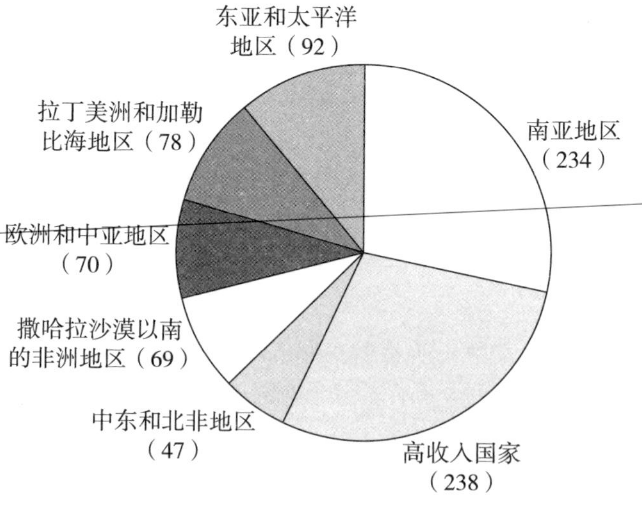

附图 6.2　不同世界银行业务地区 2014 年 LPI 调查受访者数量

注：世界银行业务地区不包括高收入国家，因此在这里将其作为单独一类。

资料来源：2014 年物流绩效指数。

受访者在公司的职位

LPI 报告既评估大公司也评估中小型企业。大公司（雇有 250 名或以上员工的公司）占回答数的 23%，稍高于 2012 年这一数字。因此，大多数回答均来自中小型企业。

公司的高级知识分子对于调查非常重要。2014 年的受访者包括高级管理人员（47%），地区或国家级管理人员（15%）和部门经理（21%）。这些来自公司总部或国际级分公司的专业人员组别既可能不参与，也可能直接参与日常运营工作。2012—2014 年受访者的相对工龄非常稳定。将近 2/3 的受访者工作于公司总部或地区总部（41%），或在国家级分公司（22%），其余均工作在地方分公司（11%）或独立公司（26%）。

大部分受访者（44%）表示在一定范围内提供物流服务是他们的主要工作。这种服务包括仓储和配送、为客户定制的物流解决方案、快递服务、散装货物或分途装运货物运输和拼箱集装箱、全集装箱或全拖车装载运输。相比之下，仅有 31% 的受访者在具有全集装箱或全拖车装载运输（19%）或在给客户定制的物流解决方案业务的公司工作。

在所有受访者中，40% 的受访者涉及多式联运，24% 的受访者涉及海运，15% 的受访者涉及空运。而 35% 的受访者通常监督国内和国际业务，另有 32% 的受访者专门处理国际货运（出口或进口）。而 24% 受访者的工作涉及全球大部分地区，其他受访者主要在亚洲（27%）、欧洲（25%）或美洲（13%）工作。

双边印象问题

在评估他们负责的各自区域时，双边问题可能在促进调查受访者印象方面起到了重要作用。我们以拉丁美洲和加勒比海地区（LAC，见附图6.3）为例进行分析。LAC对其他地区评价中对北美洲和欧盟（EU）评价最高，高于LAC对自己的评价，这表明与北美洲和欧洲进行贸易要比在LAC内部贸易便利。实际上，这些市场在这里明显起到了规模和吸引力效应（例如，通过语言变得容易）。而且，这些评价并不对称：欧盟对LAC的印象非常不好，在8个地区中将其排在第6位。北美洲和东亚及太平洋地区（EAP，LAC 2012年的主要进口伙伴）对LAC的评价也低于LAC对自己的评价，但与其他地区对LAC的评价相比，仍相对较高：北美洲将LAC排在第3位，仅次于北美洲本身和欧盟，而EAP将LAC排在第4位，低于北美洲、欧盟和EAP本身。

南亚（SAR）和撒哈拉沙漠以南非洲（SSA）对LAC的评价最高，这并不令人感到惊讶，因为总的来看，SAR和SSA均趋向于将其他地区排在较高位置，而将自己排在最后。实际上，这些地区相对隔离且物流绩效较低（SAR为2.6，SSA为2.5）。在评估中，有一定程度的相互作用：SSA实际上将LAC排在8个地区中的第7位。与其他地区相比，这一发现表明SSA对LAC的评价较高，且单独来看LAC对其他地区的评价排名，SSA几乎排在最后。而且，在平均绩效地区（如LAC和欧洲及中亚地区）相互评价，他们的评价几乎相同。

综上所述，这些发现表明印象似乎不会导致评分出现偏倚，因此不会影响调查的可靠性：这可能存在一定的特质效应，但尽管存在一定的主观性，各国评分仍相对紧密地排列在平均评分周围。

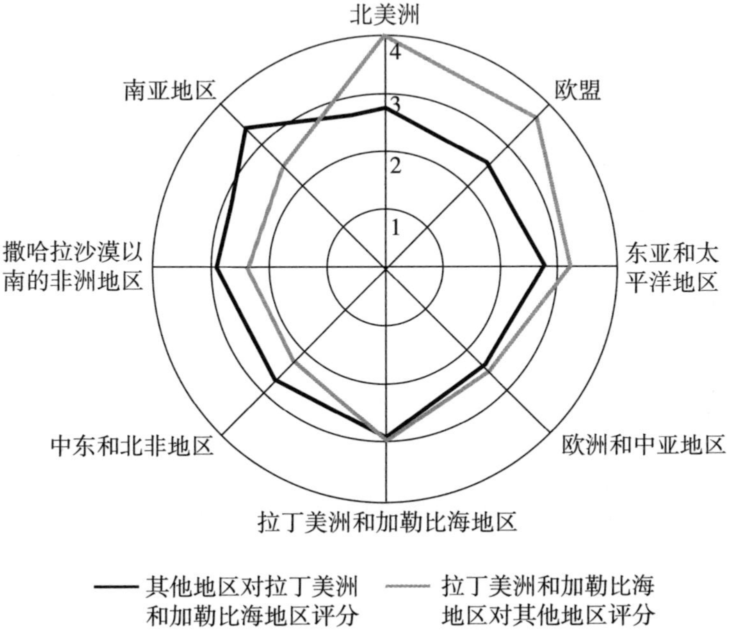

附图 6.3 其他地区对拉丁美洲和加勒比海地区评分及该地区对其他地区评分

资料来源：2014 年物流绩效指数。

图书在版编目（CIP）数据

世界银行物流绩效指数报告：联结以竞争：全球经济中的贸易物流．2014年／（法）阿维斯等著；王波译．—北京：中国财富出版社，2016.1

书名原文：The Logistics Performance Index and Its Indicators 2014：Connecting to Compete：Trade Logistics in the Global Economy

ISBN 978－7－5047－5896－5

Ⅰ.①世… Ⅱ.①阿…②王… Ⅲ.①物流－经济绩效－指数－研究报告－世界－2014②物流－经济绩效－经济指标－研究报告－世界－2014 Ⅳ.①F259.1

中国版本图书馆CIP数据核字（2015）第288812号

著作权合同登记号 图字：01－2015－7709

策划编辑 郑欣怡　　**责任编辑** 沈兴龙　徐　宁　孙妍峰

责任印制 何崇杭　　**责任校对** 杨小静　　**责任发行** 斯　琴

出版发行 中国财富出版社

社　　址 北京市丰台区南四环西路188号5区20楼　**邮政编码** 100070

电　　话 010－52227568（发行部）　010－52227588转307（总编室）

010－68589540（读者服务部）　010－52227588转305（质检部）

网　　址 http：//www.cfpress.com.cn

经　　销 新华书店

印　　刷 北京京都六环印刷厂

书　　号 ISBN 978－7－5047－5896－5/F·2515

开　　本 880mm×1230mm　1/32　　**版　　次** 2016年1月第1版

印　　张 5　　**印　　次** 2016年1月第1次印刷

字　　数 125千字　　**定　　价** 35.00元
